3
BILINGUAL EDITION
KEYSTONE

Programa Bilingüe de Sadlier
Acercándote a la fe

C0-DUP-100

ACERCANDOTE A LA IGLESIA

Dr. Gerard F. Baumbach

Dr. Eleanor Ann Brownell

Moya Gullage

Helen Hemmer, I. H. M.

Gloria Hutchinson

Dr. Norman F. Josaitis

Rev. Michael J. Lanning, O. F. M.

Dr. Marie Murphy

Karen Ryan

Joseph F. Sweeney

Patricia Andrews

El Comité Ad Hoc de la Conferencia Nacional de Obispos Católicos, que supervisa el uso del Catecismo, consideró que esta serie está conforme con el *Catecismo de la Iglesia Católica.*

con

Dr. Thomas H. Groome
Boston College

Consultor Teológico
Reverendísimo Edward K. Braxton, Ph. D., S. T. D.
Obispo Auxiliar de San Luis

Consultor Bíblico
Rev. Donald Senior, C. P., Ph. D., S. T. D.

Consultores de Liturgia y Catequesis
Dr. Gerard F. Baumbach
Dr. Eleanor Ann Brownell

Consultores de Pastoral
Rev. Msgr. John F. Barry
Rev. Virgilio P. Elizondo, Ph.D., S. T. D.

Traducción y adaptación
Dulce M. Jiménez-Abreu

Consultores de Catequesis para la serie
José Alas
Oscar Cruz
Thelma Delgado
María Cristina González, c.v.i.
Rogelio Manrique
Rebeca Salem
Yolanda Torres
Leyda Vázquez

William H. Sadlier, Inc.
9 Pine Street
New York, New York 10005-1002
www.sadlier.com

INDICE/CONTENTS

Primera unidad

Jesucristo nos da su Iglesia

Unit One

Jesus Christ Gives Us His Church

FE VIVA EN EL HOGAR Y EN LA PARROQUIA
incluida en cada capítulo

 FAITH ALIVE AT HOME AND IN THE PARISH
is included in each chapter

1 Mi parroquia, mi familia y yo

Querido Dios, gracias por mi familia.

NUESTRA VIDA

Lia es huérfana desde hace casi ocho años. Un día se enteró que una familia quería adoptarla. Lia estaba contenta pero tenía un poco de miedo. La nueva familia era maravillosa. Era una familia grande, acogedora, amorosa y alegre.

Lia estaba feliz, pero tenía una pregunta. Una noche durante la comida preguntó: "¿Por qué quieren adoptarme? ¿No preferirían tener sus propios hijos?"

Todos empezaron a gritar al tiempo: "No, no. Te queremos a ti", dijo la mamá. "Tú nos perteneces", dijo el papá. "Eres muy agradable", gritaron los mellizos. "Siempre quise tener una hermana", dijo Angela.

Lia sonrió. Ella quería estar en esa familia. Ella se sentía realmente en casa.

Piensa en tu familia. Di que es lo que más te gusta de ella.

COMPARTIENDO LA VIDA

¿Cómo quiere Jesús que vivamos como miembros de nuestra familia? ¿Cómo miembros de nuestra parroquia?

1   Parish, Family, and Me

Dear God,
thank You for
my family.

Our Life

Lia had been an orphan for most of her eight years. Then one day she was told that a family wanted to adopt her. Lia was excited and a little afraid. But her new family was wonderful. It was big, warm, loving, and noisy.

Lia was very happy, but she had one question. One night at supper she asked, "Why did you adopt me? Wouldn't you rather have had your own baby?"

Everybody started talking at once! "No, no. We wanted you," Mom said. "You belong to us," Dad said. "You're fun!" yelled the twins. "I always wanted a little sister," said Angie.

Lia smiled. She liked being in this family. She felt really at home.

Tell about your family. Share what you like most about it.

Sharing Life

How does Jesus want us to live as members of our own family? of our parish family?

Jesús nuestro amigo

Jesús está con nosotros en nuestras familias cuando estamos contentos y cuando estamos tristes. Algunas familias no son felices. Esto puede ser difícil de entender para nosotros.

Cuando nuestras familias están contentas, debemos dar gracias a Jesús. Cuando nuestras familias están tristes debemos rezar a Jesús. El comprende el miedo y las preocupaciones que tenemos y que son parte de la vida.

Jesús quiere ser un buen amigo de todos. Jesús dijo a sus primeros discípulos:

"Vayan y hagan que todos los pueblos sean mis discípulos. Bautícenlos en el Nombre del Padre y del Hijo y del Espíritu Santo".
Basado en Mateo 28:19

Ser discípulo significa ser amigo de Jesús, seguir su ejemplo. Por medio del Bautismo, nos hacemos amigos de Jesús. En nuestra familia parroquial, aprendemos que Jesucristo está con nosotros. El nos ayuda a vivir como sus amigos.

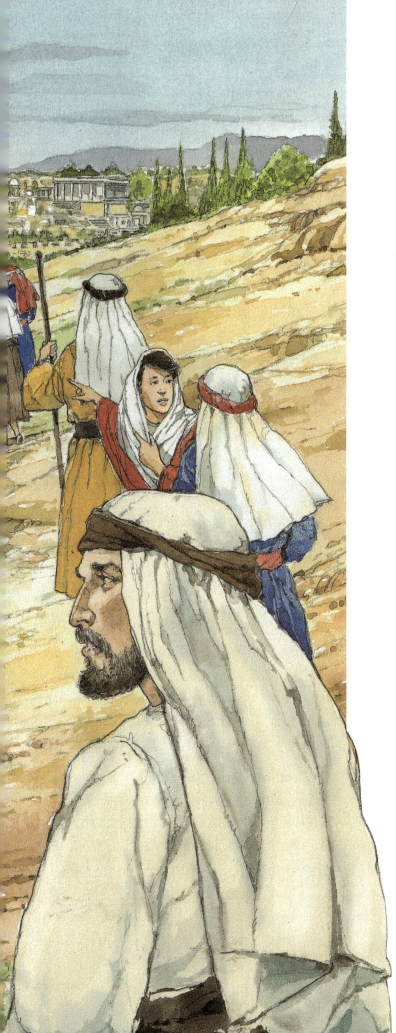

Jesus Our Friend

Jesus is with us in our families when we are happy and when we are sad. Some families are not always happy. This may be hard for us to understand.

When our families are happy, we should thank Jesus. When our families are sad, we can talk to Jesus about it. Jesus is always there to help us. He understands the fears and worries that all of us have and that are a part of life.

Jesus wants to be a good friend to everyone. Jesus said to His first followers:

"Go to all people everywhere and make them My disciples. Baptize them in the name of the Father, the Son, and the Holy Spirit."
From Matthew 28:19

To be a disciple means to be a friend of Jesus, to follow His example. Through Baptism, we first became friends of Jesus. In our parish family, we learn that Jesus Christ is with us. He helps us to live as His friends.

VOCABULARIO

Una **parroquia** es un grupo de discípulos de Jesús que juntos adoran a Dios.

Jesús nos enseñó como ser sus amigos. El reunió a la gente y les mostró como hacer la voluntad de Dios. Jesús enseñó a la gente a creer y a confiar en Dios. Pero lo más importante de todo es que él enseñó a la gente a amar. Jesús dijo:

"Ustedes se amarán unos a otros como yo los he amado. Así reconocerán todos que ustedes son mis discípulos: si se tienen amor unos a otros".
Basado en Juan 13:34–35

Al amarnos unos a otros, mostramos que somos la comunidad de Jesús. Nos reunimos en nuestra iglesia parroquial para juntos rezar y aprender a amar a todo el mundo. Confiamos en que Jesús nos ama y escucha nuestras oraciones.

Con las cosas que con amor hacemos por los demás, decimos al mundo que pertenecemos a la comunidad de los amigos de Jesús, la Iglesia.

A **parish** is a group of Jesus' disciples who worship God together.

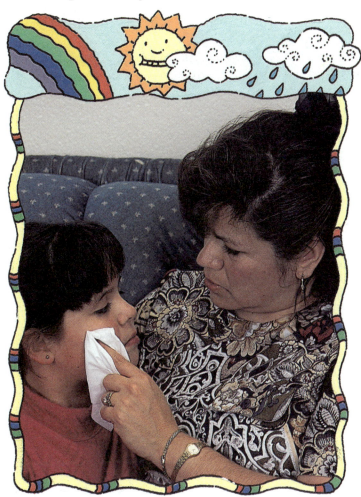

Jesus taught us how to be His friends. He gathered people together and showed them how to do God's will. Jesus taught people to believe and to trust in God. But most important of all, He taught people to love. Jesus said:

"As I have loved you, so you must love one another. Everyone will know that you are My friends if you love one another."
From John 13:34–35

By our love for one another, we show that we are Jesus' community. We gather in our parish church to pray together and to learn to love all people. We trust Jesus to love us and to hear our prayers.

By the loving things we do for other people, we tell everyone that we belong to the community of Jesus' friends, the Church.

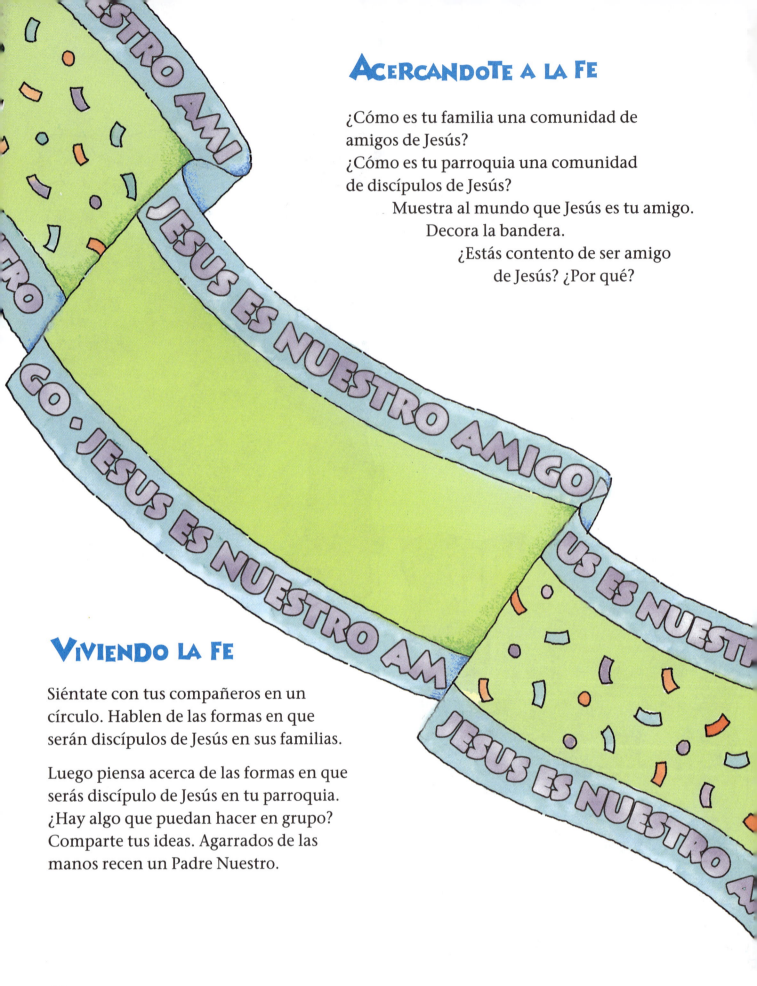

ACERCANDOTE A LA FE

¿Cómo es tu familia una comunidad de amigos de Jesús?

¿Cómo es tu parroquia una comunidad de discípulos de Jesús?

Muestra al mundo que Jesús es tu amigo. Decora la bandera.

¿Estás contento de ser amigo de Jesús? ¿Por qué?

VIVIENDO LA FE

Siéntate con tus compañeros en un círculo. Hablen de las formas en que serán discípulos de Jesús en sus familias.

Luego piensa acerca de las formas en que serás discípulo de Jesús en tu parroquia. ¿Hay algo que puedan hacer en grupo? Comparte tus ideas. Agarrados de las manos recen un Padre Nuestro.

Coming to Faith

How is your family a community of Jesus' friends?

How is your parish a community of Jesus' disciples?

Show the world that Jesus is your friend. Decorate this banner.

Are you happy to be Jesus' friend? Why?

Practicing Faith

Sit in a friendship circle. Talk together about ways you will be disciples of Jesus in your families.

Then think about ways you will be disciples of Jesus in your parish. Is there something you can do together as a group? Share your ideas. Join hands and pray the Our Father together.

REPASO

Encierra en un círculo la letra al lado de la respuesta correcta.

1. Ser discípulos de Jesús significa amar
   a. sólo a nuestros amigos.
   b. como Jesús amó.
   c. a los niños pequeños.

2. Jesús mandó a sus seguidores a bautizar
   a. a alguna gente.
   b. todo el mundo.
   c. sólo a sus amigos.

3. Mostramos que somos la comunidad de Jesús
   a. haciendo cosas con amor para los demás.
   b. haciendo felices a nuestros amigos.
   c. siendo egoístas.

4. Lo más importante que Jesús nos enseñó fue
   a. creer.
   b. confiar.
   c. amar.

5. Escribe cómo puedes ser amigo de Jesús.

_____

FE VIVA EN EL HOGAR Y EN LA PARROQUIA

En esta lección los niños aprendieron que Jesús nos enseñó como ser sus amigos. Hable con el niño sobre las formas en que podemos mostrar que somos amigos de Jesús en la casa, la escuela y nuestra parroquia. Refuerce que cuando hacemos cosas con amor por los demás, decimos a todo el mundo que pertenecemos a la comunidad de amigos de Jesús. Subraye el hecho de que las parroquias católicas son comunidades de culto centradas en la Eucaristía. Alimentados por la palabra de Dios en la Escritura y el Cuerpo y la Sangre de Cristo, servimos las necesidades espirituales y corporales de todos.

Resumen de la fe

- Jesús es nuestro amigo.

- Jesús está con nosotros en nuestra casa y en nuestra parroquia.

- Jesús quiere que seamos una comunidad de sus discípulos.

REVIEW · TEST

Circle the letter beside the correct answer.

1. To be a disciple of Jesus means to love
   a. only our friends.
   b. as Jesus loved.
   c. little children.

2. Jesus told His followers to baptize
   a. some people.
   b. all people.
   c. only their friends.

3. We show we are Jesus' community by
   a. doing loving things for others.
   b. making our friends happy.
   c. being selfish.

4. The most important thing Jesus taught us is to
   a. believe.
   b. trust.
   c. love.

5. Write how you can be a friend of Jesus.

FAITH ALIVE AT HOME AND IN THE PARISH

In this lesson your child learned that Jesus taught us how to be His friends. Talk with your child about ways we show that we are friends of Jesus at home, at school, and in our parish. Stress that when we do loving things for one another, we tell everyone that we belong to Jesus' community of friends. Highlight the fact that Catholic parishes are communities of worship centered on the Eucharist. Nourished by God's word in Scripture and by the Body and Blood of Christ, we serve the spiritual and human needs of all.

Faith Summary
- Jesus is our friend.
- Jesus is with us in our family and in our parish.
- Jesus wants us to be a community of His disciples.

2   Jesús llama a sus discípulos

Jesús,
ayúdanos
a seguirte.

NuesTra ViDa

Un día, Jesús caminaba por el Mar de Galilea. Vio a dos hermanos pescando. Sus nombres eran Simón y Andrés. Jesús esperó que ellos regresaran a la orilla y les dijo: "Vengan, síganme".

En seguida, Simón y Andrés dejaron sus redes y siguieron a Jesús.
Basado en Mateo 4:18–20

Jesús fue su guía. Simón y Andrés se convirtieron en seguidores o discípulos de Jesús.

¿Puedes decir cómo es un buen guía?

Habla acerca de algún momento en que fuiste un buen guía y cuando fuiste un buen seguidor.

CompaRTiendo la ViDa

¿Por qué crees que Jesús quería que Simón y Andrés le siguieran?

¿Cuáles son algunas cosas que Jesús quiere enseñar a todos sus discípulos? Juntos hagan una lista.

2 Jesus Calls His Followers

Our Life

One day, Jesus was walking beside the Sea of Galilee. He saw two brothers fishing. Their names were Simon and Andrew. Jesus waited for them to come back to shore and then said to them, "Come, follow Me."

At once, Simon and Andrew dropped their nets and followed Jesus.
From Matthew 4:18–20

Jesus was now their leader. Simon and Andrew became followers, or disciples, of Jesus.

Tell what a good leader is like. Tell about times when you were a good leader. Tell about times when you were a good follower.

Sharing Life

How do you think Jesus wanted Simon and Andrew to follow Him?

What are some things Jesus wants to teach all His disciples? Make a list together.

17

Jesús invita a sus discípulos

Jesús creció, él sabía que tenía que hacer algo especial para Dios Padre. Tenía que decir y mostrar a la gente la buena nueva del reino de Dios. Jesús mostró lo mucho que Dios nos ama. También mostró como hacer la voluntad de Dios.

Jesús sabía que él necesitaría personas que le ayudaran en esa gran misión. Empezó a reunir a su comunidad de seguidores. Llamamos a los seguidores de Jesús, sus discípulos.

Un día Jesús vio a un recaudador de impuestos llamado Mateo sentado en su mesa. La mayoría de la gente no quería a los recaudadores de impuestos. Pero Jesús le dijo: "Ven, sígueme". Mateo dejó todo y siguió a Jesús.
Basado en Lucas 5:27–28

La comunidad de discípulos de Jesús empezó a crecer. Muy pronto era seguido por mucha gente. La gente venía a escucharle y a verle. Muchos dejaron todo y lo siguieron.

Jesús escogió a algunos de sus seguidores más cercanos, a quienes llamamos apóstoles, para dirigir a otros discípulos.

Jesús nos invita a ser sus discípulos. Jesucristo es nuestro gran pastor. El quiere que seamos sus seguidores. El nos muestra como vivir como pueblo de Dios.

Multitudes venían a escuchar y a ver lo que Jesús decía y hacía. El enseñó como amar a Dios, a los demás y a nosotros mismos.

Jesus Invited His Disciples

When Jesus grew up, He knew that He had something special to do for God. He was to tell and show all people the good news of God's kingdom. Jesus showed people how much God loved them. He also showed them how to do God's will.

Jesus knew that He would need helpers for this great mission. He began to gather His community of followers. We call Jesus' followers His disciples.

One day, Jesus saw a tax collector named Matthew sitting at his collection table. Most people hated the tax collectors. But Jesus said to him, "Come, follow Me." Matthew left everything and followed Jesus.
From Luke 5:27–28

Jesus' community of disciples started to grow. Soon, large crowds followed Jesus. People came to hear and see Him. Many of them left everything to follow Him.

Jesus later chose some of these closest followers to lead the other disciples. We call these first leaders the apostles.

Jesus invites us to be His disciples, too. Jesus Christ is our greatest leader. He wants us to be His followers. He shows us how to live as God's people.

La **misión de Jesús** fue traer la buena nueva del amor de Dios al mundo.

No todo el mundo quería vivir como Jesús enseñó. Algunas personas estaban celosas de Jesús y lo querían poner en la cárcel. Jesús fue arrestado, torturado y crucificado. Jesús dio su vida por nosotros y nos salvó del pecado. Llamamos al día en que Jesús murió, Viernes Santo.

Temprano el próximo domingo, Jesús resucitó de la muerte. Llamamos a ese día Domingo de Resurrección. Jesús resucitó de la muerte y nos trajo una nueva vida. Porque Jesús resucitó podemos vivir con Dios para siempre.

Jesús nos llama a vivir esta nueva vida como sus seguidores. El nos pide amar a Dios y a los demás. Como discípulos de Jesús debemos rezar y adorar. Debemos tratar a todo el mundo justamente y trabajar por la paz.

Jesus' mission was His work of bringing the good news of God's love to the world.

Crowds of people came to hear and see what Jesus said and did. He taught them how to love God, one another, and themselves.

Not everyone wanted to live the way of Jesus. Some people were jealous of Jesus and wanted to put Him to death. Jesus was arrested, tortured, and put to death on the cross. Jesus gave His life for us to save us from sin. We call the day Jesus died Good Friday.

Early on the next Sunday morning, Jesus rose from the dead. We call that day Easter Sunday. Jesus rose from the dead to bring us new life. Because of the risen Christ, we can live forever with God.

Jesus calls us to live this new life as His followers. He asks us to love God and others. As Jesus' disciples, we are to pray and worship. We are to treat everyone fairly and to be peacemakers.

Acercandote a la Fe

Formen un círculo con dos compañeros en el centro. Esos serán Simón y Andrés.

Uno de los niños del círculo pregunta:

Simón, ¿Quién se acercó a ti ese día cuando estabas pescando? ¿Qué te dijo el extraño? ¿Qué le contestaste?

(Respuesta de Simón)

Otro niño pregunta:

Andrés, ¿Explícanos cómo te sentiste cuando escuchaste a Jesús llamarte? ¿Di cómo lo seguiste para ser su verdadero discípulo?

(Respuesta de Andrés)

Ahora imagina a Jesús diciéndote: "Ven, sígueme" ¿Qué le contestarías?

Viviendo la Fe

Siéntense en un círculo. Hablen sobre las formas en que los miembros del grupo vivirán como discípulos de Jesús esta semana.

Elige algo que harás esta semana en tu parroquia para mostrar que estás aprendiendo a ser discípulo de Jesús.

COMING TO FAITH

Form a circle with two of your friends in the middle. They will be Simon and Andrew. Then sing to the tune of "Yankee Doodle":

♪ Simon, who came up to you
That day when you were fishing?
What did the stranger say to you?
And oh, what did you answer?
　　("Simon" answers.)

Andrew, tell us how you felt
When you heard Jesus call you.
And tell us why you followed Him
To be His true disciple. ♫
　　("Andrew" answers.)

Now imagine Jesus saying to you, "Come, follow Me." How would you answer?

PRACTICING FAITH

Sit in your circle. Talk with one another about ways the members of your group will live as disciples of Jesus this week.

Choose one thing you will do this week in your parish to show that you are learning to be a disciple of Jesus.

REPASO

Encierra en un círculo la letra al lado de la respuesta correcta.

1. Los primeros guías elegidos por Jesús fueron

    a. recaudadores de impuestos.   **b.** apóstoles.   **c.** pescadores.

2. Jesús murió el

    a. Viernes Santo.   **b.** Domingo de Resurrección.   **c.** Jueves Santo

3. La oración que Jesús nos enseñó es

    a. la Señal de la Cruz.   **b.** el Padre Nuestro.   **c.** el Ave María

4. Jesús resucitó de la muerte y nos trajo

    a. nueva vida.   **b.** milagros.   **c.** la Biblia.

5. ¿Cómo trabajarás por la paz esta semana?

_____

_____

FE VIVA

EN EL HOGAR Y EN LA PARROQUIA

En esta lección los niños aprendieron que Jesús invita a cada uno de nosotros a ser su discípulo. También aprendieron algo más acerca de nuestra llamada a vivir la Ley del Amor. A medida que entramos en la celebración de la muerte y resurrección salvadoras de Cristo (el misterio pascual), somos capaces de vivir la nueva vida que Cristo comparte con nosotros; por ejemplo, todos tenemos tiempos de dificultad en nuestras vidas. Pero podemos vivir con la confianza de que el Espíritu Santo nos fortalece para enfrentar los retos de la vida. Hable con su niño acerca de la importancia de mostrar amor por Dios, por los demás y por nosotros mismos rezando, tratando a los demás justamente y trabajando por la paz. Recuerde lo importante que es ayudar al niño a amarse verdaderamente.

Resumen de la fe

- Los seguidores de Jesús son llamados discípulos.

- Jesús nos invita a ser sus discípulos.

- Jesús murió y resucitó de la muerte para darnos nueva vida.

REVIEW · TEST

Circle the letter beside the correct answer.

1. The first leaders Jesus chose were called

    a. tax collectors.   **b.** apostles.   **c.** fishermen.

2. Jesus died on

    a. Good Friday.   **b.** Easter Sunday.   **c.** Holy Thursday.

3. The prayer Jesus taught us is the

    a. Sign of the Cross.   **b.** Our Father.   **c.** Hail Mary.

4. Jesus rose from the dead to bring us

    a. new life.   **b.** miracles.   **c.** the Bible.

5. How will you be a peacemaker this week?

_____

_____

FAITH ALIVE AT HOME AND IN THE PARISH

In this lesson your child learned that Jesus invites each of us to be His disciple. Your child also learned more about our call as disciples to live the Law of Love. As we enter more fully into the celebration of Christ's saving death and resurrection (the paschal mystery), we are enabled to live the new life Christ shares with us. For example, all of us experience times of difficulty in our lives. But we can live with the confidence that the Holy Spirit strengthens us to meet life's challenges. Talk with your child about the importance of showing love for God, others, and ourselves by praying, by treating everyone fairly, and by being peacemakers. Remember, too, how important it is for you to help your child truly to love himself or herself.

Faith Summary
- Jesus' followers are called disciples.
- Jesus invites us to be His disciples.
- Jesus died and rose from the dead to bring us new life.

3   Inicio de la Iglesia

Espíritu Santo,
danos valor
para vivir
nuestra fe.

NUESTRA VIDA

Los discípulos de Jesús tienen, algunas veces, que hacer cosas difíciles. Tienen que tener valor.

Colorea la † al lado de la oración que indica momentos en que has sido valiente.

✝ Dije la verdad cuando cometí un error.

✝ He dado mi amistad a alguien que ha sido tratado injustamente.

✝ Tomé algo que no era mío.

✝ Fui amable con alguien que no me cae bien.

✝ Soy amigo de alguien que no es popular.

Habla con un amigo sobre las frases seleccionadas.

COMPARTIENDO LA VIDA

¿Por qué hay que tener valor para ser discípulo de Jesús?

¿Cómo nos ayuda Jesús para tener ese valor?

3 The Church Begins

Holy Spirit, fill us with courage to live our faith.

Our Life

Disciples of Jesus sometimes have to do hard things. They have to be brave.

Color the † beside times when you have to be brave.

✝ I tell the truth when I do something wrong.

✝ I stick up for someone who is being treated unfairly.

✝ I do not take something that is not mine.

✝ I am kind to someone who is unkind to me.

✝ I am a friend to someone who is unpopular.

Talk about the statements beside the crosses you have colored. Share them with a friend.

Sharing Life

Why does it take courage to be a disciple of Jesus?

How do you think Jesus helps us to have such courage?

El inicio de la Iglesia

Jesús sabía que sus discípulos necesitarían valor para ser sus fieles seguidores y compartir la buena nueva con todo el mundo. El prometió enviarles una ayuda especial, Dios, el Espíritu Santo.

Después que Jesús ascendió a los cielos los apóstoles y discípulos tenían miedo. Ellos se reunieron con María, la madre de Jesús, a esperar la venida del Espíritu Santo.

Todos escucharon, al mismo tiempo, un gran ruido como el de un viento fuerte. Los discípulos vieron llamas de fuego en el aire. Las llamas se esparcían y tocaban a cada persona presente. Ellos fueron llenos del Espíritu Santo.

Los discípulos de Jesús ya no tenían miedo. Ellos salieron del lugar donde estaban escondidos y empezaron a hablar con valor a todo el pueblo. Pedro, el líder de los discípulos de Jesús, se levantó y habló al pueblo. Dijo: "Lo que ahora ven y escuchan es el regalo de Jesús a nosotros. Jesús nos envió al Espíritu Santo".

Luego dijo: "Bautícense en el nombre de Jesucristo, para que les sean perdonados sus pecados y reciban el don de Dios, el Espíritu Santo".
Basado en Hechos de los Apóstoles 2:1–12, 33, 38

The Church Begins

Jesus knew His disciples needed courage to be His faithful followers and to share His good news with everyone. He promised to send them a special Helper, God, the Holy Spirit.

After Jesus ascended into heaven, the apostles and disciples were frightened without Him. They gathered together with Mary, the mother of Jesus, to wait for the coming of the Holy Spirit.

All at once, they heard a noise like a loud wind blowing. The disciples saw what looked like flames of fire in the air. It seemed as if the flames spread out and touched each person there. They were all filled with the Holy Spirit.

Jesus' disciples were no longer afraid. They came out of the place where they were hiding and began to speak with courage to all the people. Peter, the leader of Jesus' disciples, stood up and spoke to the people. He said, "What you now see and hear is Jesus' gift to us. Jesus has sent us the Holy Spirit."

Then Peter said, "Be baptized in the name of Jesus Christ, so that your sins will be forgiven; and you will receive God's gift, the Holy Spirit."

From Acts of the Apostles 2:1–12, 33, 38

El Espíritu Santo es Dios, la tercera Persona de la Santísima Trinidad.

Todo el que se bautizó recibió el Espíritu Santo. Ese día alrededor de tres mil personas se bautizaron. Llamamos a ese día la fiesta de Pentecostés.

El Espíritu Santo, la tercera Persona de la Santísima Trinidad, continúa ayudando a la Iglesia hoy. Como miembros de la Iglesia hemos sido bautizados y hemos recibido el Espíritu Santo.

Como católicos, creemos que el Espíritu Santo viene a nosotros en forma especial en el sacramento de la Confirmación. Cuando nos confirmamos, el obispo o el sacerdote dice: "Recibe el don del Espíritu Santo". Esto significa que el Espíritu Santo está con nosotros para darnos fuerzas para vivir nuestra fe. El Espíritu Santo nos ayuda a amarnos unos a otros, a trabajar por la paz y a tratar a todos justamente. El Espíritu Santo nos da valor para decir y hacer lo correcto como discípulos de Jesús, especialmente cuando es difícil.

The Holy Spirit is God, the third Person of the Blessed Trinity.

Everyone who was baptized received the Holy Spirit. That day almost three thousand people were baptized. We call this day the feast of Pentecost.

The Holy Spirit, the third Person of the Blessed Trinity, continues to help the Church today. As members of the Church, we have been baptized and have received the Holy Spirit.

As Catholics, we believe that the Holy Spirit comes to us in a special way in the sacrament of Confirmation. When we are confirmed, the bishop or priest says, "Be sealed with the Gift of the Holy Spirit." This means that the Holy Spirit is with us and strengthens us to live our faith. The Holy Spirit helps us to love one another, to be peacemakers, and to treat all people fairly. The Holy Spirit gives us courage to say and to do the right thing as disciples of Jesus, especially when this is hard to do.

ACERCANDOTE A LA FE

En tus propias palabras narra la historia de Pentecostés.

Imagina que eres una de las tres mil personas bautizadas en Pentecostés. ¿Qué ves, escuchas, sientes?

Comparte con un compañero lo que dirías a San Pedro.

¿Qué harías después? ¿Por qué?

VIVIENDO LA FE

Habla con un compañero acerca de la ayuda que necesitan para ser discípulos de Jesús. Luego escribe una oración al Espíritu Santo.

† Espíritu Santo, ven a nosotros. Ayúdanos a seguir a Jesús

_____

Hagan un círculo para rezar. Túrnense para leer sus oraciones. Después que cada niño haga su oración contesten: "Amén".

COMING TO FAITH

Retell the story of Pentecost in your own words.

Imagine you are one of the three thousand persons baptized on Pentecost. What do you see, hear, and experience?

Share with one another what you would say to Saint Peter.

What would you do next? Why?

PRACTICING FAITH

Talk together about the help you and your friends need to be disciples of Jesus. Then write your own prayer to the Holy Spirit here.

† Holy Spirit, be with us.
Help us to follow Jesus by

_____.

Now gather in a prayer circle. Take turns reading your prayers. After each one all say "Amen!"

REPASO

Colorea el círculo al lado de la respuesta correcta.

1. La ayuda que Jesús prometió enviar es el _____.

◯ Espíritu Santo   ◯ papa   ◯ obispo

2. El Espíritu Santo es Dios, la tercera Persona de la _____.

◯ misa   ◯ Iglesia   ◯ Santísima Trinidad

3. Todo _____ recibe al Espíritu Santo.

◯ nacido   ◯ bautizado   ◯ el que tiene edad

4. El Espíritu Santo viene a nosotros de manera especial en el sacramento de _____.

◯ la Reconciliación   ◯ el Matrimonio   ◯ la Confirmación

5. ¿Cómo te ayuda el Espíritu Santo?

_____

_____

FE VIVA

EN EL HOGAR Y EN LA PARROQUIA

En esta lección los niños aprendieron que Jesús envió el Espíritu Santo a sus discípulos en el primer Pentecostés. En ese día nació la Iglesia como comunidad de fe formal. Los niños aprendieron que Dios Espíritu Santo, la tercera Persona de la Santísima Trinidad, nos ayuda hoy. Hable con el niño acerca de la fiesta de Pentecostés y el papel del Espíritu Santo en nuestras vidas. El Espíritu Santo es quien nos ayuda a vivir nuestra fe y nos prepara para encontrar al Cristo resucitado.

✝ Oración al Espíritu Santo

Pida a un miembro de la familia pensar en algo para lo que necesita la ayuda del Espíritu Santo.

Luego juntos recen esta oración.

Oremos para que seamos llenos del Espíritu Santo.

Ven, Espíritu Santo, danos el valor que necesitamos para ser discípulos de Jesús.

Resumen de la fe

- Dios el Espíritu Santo es la tercera Persona de la Santísima Trinidad.
- El Espíritu Santo vino a los discípulos en Pentecostés.
- El Espíritu Santo nos ayuda a vivir como discípulos de Jesús.

REVIEW ▪ TEST

Check the circle beside the correct answer.

1. The Helper that Jesus promised to send is the _____.

    ◯ Holy Spirit   ◯ pope   ◯ bishop

2. The Holy Spirit is God, the third Person of the _____.

    ◯ apostles   ◯ Church   ◯ Blessed Trinity

3. Everyone who is _____ receives the Holy Spirit.

    ◯ born   ◯ baptized   ◯ the right age

4. The Holy Spirit comes to us in a special way in the sacrament of _____.

    ◯ Reconciliation   ◯ Matrimony   ◯ Confirmation

5. How does the Holy Spirit help you?

_____

_____

FAITH ALIVE AT HOME AND IN THE PARISH

In this lesson your child learned that Jesus sent the Holy Spirit to His disciples on the first Pentecost. On that day the Church was born as a formal community of faith. Your child also learned that God the Holy Spirit, the third Person of the Blessed Trinity, helps us today. Talk with your child about the feast of Pentecost and the role of the Holy Spirit in our lives. It is the Holy Spirit who helps us to live our faith and prepares us to encounter the risen Christ.

† Prayer to the Holy Spirit

Ask the members of your family to think of something for which they need the Holy Spirit's help. Together, say this prayer to the Holy Spirit.

Let us pray that we may be filled with the Holy Spirit.

Come, Holy Spirit, give us the courage we need to be disciples of Jesus.

Faith Summary

- God the Holy Spirit is the third Person of the Blessed Trinity.

- The Holy Spirit came to the disciples on Pentecost.

- The Holy Spirit helps us to live as disciples of Jesus.

4 La Iglesia hoy

Jesús, ayúdanos
a trabajar
por tu reino.

NUESTRA VIDA

"Clara, mantén ojo en la bola", gritó Lisa al momento en que la bola entraba en la golera.

"Sé lo que hago, soy el jugador más importante del equipo", gritó Clara.

Todos se rieron y Clara se enojó.

José le gritó: ¿"Quién necesita un portero como tú"?

El resto del equipo no sab´a que hacer. ¿Deber´an llamar a Clara? ¿Deb´a otro jugador tomar su lugar?

¿Qué crees que pasó después?

¿Qué se necesita para mantener un grupo unido?

COMPARTIENDO LA VIDA

Toma un zapato de cordones. Trabaja con un compañero para amarrar el cordón en un lazo. Cada compañero debe usar sólo una mano.

¿Qué aprendiste de este trabajo en equipo?

¿Por qué algunas veces es difícil trabajar en equipo?

¿Cómo quiere Jesús que trabajemos juntos en su Iglesia?

4   The Church Today

Jesus, help us
to work for
Your kingdom.

Our Life

"Beth, keep your eye on the ball!"
yelled Lisa as the ball went right
by Beth into the net.

"I know what I'm doing!" Beth
yelled back. "I'm the most
important player on the team."

Everyone laughed. Beth stormed off.

Jason yelled, "Who needs
a goalie like you?"

But the rest of the team didn't know
what to do. Should they get Beth back?
Could someone else take her place?

What do you think happened next?

What do you think it takes for a
group to work together?

Sharing Life

Take a shoe with shoelaces. Work with
a partner to tie one shoelace in a bow.
Each partner can use only one hand.

What did you learn about teamwork?

Why is it sometimes hard to work
together as a team?

How does Jesus want us to work together
in His Church?

La Iglesia hoy

Jesús quiere que todos sus discípulos trabajen juntos. Cada uno de nosotros tiene un trabajo que hacer en la Iglesia para llevar a cabo la misión de Jesús.

Los primeros amigos de Jesús tuvieron que trabajar juntos. Ellos sabían que Dios había dado a Jesús una misión especial. El tenía que traer el reino de Dios.

Esto quiere decir que Jesús debía dar la buena nueva del amor de Dios por todo el mundo. El tenía que mostrarles como hacer la voluntad de Dios viviendo con amor, justicia y paz.

Jesús escogió a Pedro para ser cabeza de su comunidad, la Iglesia. Pedro dirigió a los otros apóstoles y discípulos mientras llevaban la misión de Jesús. Ellos llevaban la buena nueva a todo el mundo. También vivieron el reino de Dios siguiendo el ejemplo de Jesús.

Hoy la Iglesia Católica continúa la misión de Jesús. La Iglesia enseña lo que Jesús enseñó. Somos dirigidos por los sucesores de Pedro y los apóstoles, nuestro papa y obispos. Todo el mundo es bienvenido a la comunidad de Jesús, la Iglesia. Como Iglesia, rezamos y alabamos a Dios y servimos a otros. Dios trabaja a través de la Iglesia para llevar el reino de Dios.

The Church Today

Jesus wants all His disciples to work together. Every one of us has a part to play in the Church as we carry on Jesus' mission.

The first friends of Jesus had to work together, too. They knew that God had given Jesus a very special mission. He was to bring about God's kingdom.

This means that Jesus was to tell the good news of God's love for all people. He was to show them how to do God's will by living with love, justice, and peace.

Jesus chose Peter to be the leader of His community, the Church. Peter led the other apostles and disciples as they carried on Jesus' mission. They spread the good news of Jesus all over the world. They lived it, too, by following the example of Jesus.

Today, the Catholic Church still continues the mission of Jesus. The Church teaches what Jesus taught. We are led by the successors of Peter and the apostles, our pope and bishops. All people are welcomed into Jesus' community, the Church. As the Church, we pray and worship God and serve others. God works through the Church to bring about the kingdom, or reign, of God.

El **papa** es el sucesor de San Pedro y la cabeza de toda la Iglesia Católica.

Los pastores de la Iglesia hoy

Las personas escogidas para dirigirnos en la Iglesia Católica son llamados *ministros*. *Ministro* significa "alguien que sirve". Nuestros ministros sirven a la Iglesia y nos ayudan a trabajar juntos. Ellos nos dirigen en el culto a Dios y nuestro cuidado por los demás.

El papa, obispo de Roma, continúa el liderazgo del trabajo de Pedro. El es la cabeza de toda la Iglesia Católica. El papa y los obispos enseñan, guían y santifican, o hacen santa, a toda la Iglesia. Ellos sirven a los miembros de la Iglesia y nos ayudan a trabajar juntos.

En nuestras parroquias otros ministros ordenados también nos ayudan. Nuestros sacerdotes nos dirigen en la oración y el culto. Nuestros diáconos ayudan a los sacerdotes en la misa y trabajan con los necesitados.

Las parroquias tienen otros ministros. Religiosos, hermanos y ministros laicos se unen a todos nosotros para trabajar por la justicia y la paz. Algunos enseñan, otros ayudan con los enfermos y los necesitados.

Todos nosotros estamos llamados por Dios para trabajar juntos en la Iglesia. Cada uno de nosotros tiene un trabajo que cumplir para hacer posible el reino de Dios. Juntos, llevamos la misión de Jesús. He aquí algunas cosas que podemos hacer:

- Compartir con otros la buena nueva de Jesús mediante nuestras acciones y palabras.

- Rezar y alabar juntos, especialmente en la misa.

- Tratar de ayudar a otros, especialmente a los más necesitados.

The **pope** is the successor of Saint Peter and the leader of the whole Catholic Church.

Leaders in the Church Today

The people chosen to lead us in the Catholic Church are called *ministers*. *Minister* means "one who serves." Our ministers serve the Church and help us to work together. They lead us in worshiping God and caring for others.

The pope, the bishop of Rome, carries on the leadership work of Peter. He is the leader of the whole Catholic Church. The pope and bishops teach, guide, and sanctify, or make holy, the whole Church. They serve all members of the Church and help us to work together.

In our parishes other ordained ministers help us. Our priests lead us in prayer and worship. Our deacons help the priests at Mass and work with people in need.

Parishes have other ministers, too. Religious sisters, brothers, and lay ministers join all of us in working for justice and peace. Some teach; others help the sick and needy.

All of us are called by God to work together in the church. Each of us has a part to play in bringing about the kingdom of God. Together, we carry on the mission of Jesus. Here are some things we can do:

- Share with others the good news of Jesus by what we say and do.
- Pray and worship together, especially at Mass.
- Try to help others, especially those most in need.

41

Acercandote a la Fe

Habla con un compañero y comparte lo que sabes acerca de:

- la misión de Jesús.

- la misión de la Iglesia hoy.

- nuestra misión como estudiantes de tercer curso.

Viviendo la Fe

Tu misión es decidir como ser miembro de la Iglesia lleno de fe:

- hablando a otros acerca de Jesús.

- rezando y alabando juntos, especialmente en la misa.

- tratar de ayudar a otros, especialmente a los más necesitados.

Compartan sus ideas. En grupo decidan algo que harán juntos.

COMING TO FAITH

Talk to one another and share what you know about:

- the mission of Jesus.
- the mission of the Church today.
- our mission as third graders.

PRACTICING FAITH

Be faith-filled members of the Church! Your mission is to decide how you can:

- tell others about Jesus.
- pray and worship together, especially at Mass.
- try to help others, especially those most in need.

Share your ideas. Then decide on something to do together as a group.

REPASO

Colorea el círculo al lado de la respuesta correcta.

1. La _____ es el Cuerpo de Cristo en el mundo.
○ Ley del Amor ○ Iglesia ○ reino de Dios

2. Los obispos, sacerdotes y diáconos reciben el sacramento de _____.
○ Unción de los Enfermos ○ Matrimonio ○ Orden Sacerdotal

3. La Iglesia lleva la misión de _____.
○ el papa ○ Jesús ○ ministros laicos

4. Todos los miembros de la Iglesia deben trabajar por el _____.
○ fin del mundo ○ la resurrección ○ el reino de Dios

5. ¿Cómo puedes ayudar a llevar la misión de Jesús?

_____

_____

FE VIVA

EN EL HOGAR Y EN LA PARROQUIA

En esta lección los niños aprendieron una imagen importante de la Iglesia—que la Iglesia es el cuerpo de Cristo. También aprendieron que cada miembro del cuerpo de Cristo comparte la misión de Jesús de ayudar a llevar el reino de Dios. Hable con su niño sobre la importancia de hablar a otros sobre Jesús, de rezar y dar culto juntos y de tratar de ayudar a los necesitados.

Resumen de la fe

- La Iglesia lleva a cabo la misión de Jesucristo.

- Nuestro papa, los obispos, sacerdotes y diáconos son ministros ordenados de nuestra Iglesia.

- Todos los miembros de la Iglesia tienen que trabajar por el reino de Dios.

REVIEW • TEST

Check the circle beside the correct answer.

1. The _____ is the body of Christ in the world.

◯ Law of Love ◯ Church ◯ kingdom of God

2. All bishops, priests, and deacons receive the sacrament of _____.

◯ Anointing ◯ Matrimony ◯ Holy Orders

3. The Church carries on the mission of _____.

◯ the pope ◯ Jesus ◯ lay ministers

4. All Church members are to help bring about the _____.

◯ end of the world ◯ resurrection ◯ kingdom of God

5. How can you help carry on the mission of Jesus?

_____

_____

FAITH ALIVE AT HOME AND IN THE PARISH

In this lesson your child learned one important image of the Church—that the Church is the body of Christ. Your child also learned that each member of Christ's body shares in Jesus' mission of helping to bring about the kingdom, or reign, of God. Talk with your child about the importance of telling others about Jesus, of praying and worshiping together, and of trying to help those in need.

Faith Summary

• The Church carries on the mission of Jesus Christ.

• Our pope, bishops, priests, and deacons are the ordained ministers of the Church.

• All Church members have a part to play in bringing about the kingdom of God.

5 | Nuestra iglesia parroquial

Ayuda oh Dios,
a nuestra
parroquia a
vivir como
tu pueblo.

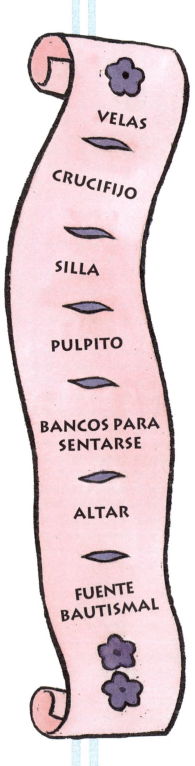

VELAS

CRUCIFIJO

SILLA

PULPITO

BANCOS PARA
SENTARSE

ALTAR

FUENTE
BAUTISMAL

NUESTRA VIDA

El padre Martín pidió a Carmen, a
Esteban, a Miguel y a Laura mostrar la
iglesia a los niños de tercer curso de la
iglesia bautista del vecindario. Durante
la visita, los niños explicaron
algunas de las cosas que se
muestran en esta foto.

Dramaticen la visita. Elijan
quien va a ser el equipo que
mostrará la iglesia. El resto
del grupo pueden ser los
visitantes quienes harán las
preguntas de las cosas
que ven en la iglesia.

COMPARTIENDO LA VIDA

¿Qué es lo que más te gusta de tu comunidad
parroquial y su iglesia? ¿Qué más quieres
aprender?

46

5 Our Parish Church

Dear God, help
our parish to
live as Your
people.

Our Life

Father Martin asked Carmen, Steve,
Nicky, and Lauren to give a tour of the
church to the third graders from the
nearby Baptist church. During the tour,
the children explained some of what
you see in this picture.

Act out the visit.
Choose people to be
Carmen, Steve, Nicky
and Lauren. The rest
are the visitors who
ask questions about
each thing in church.

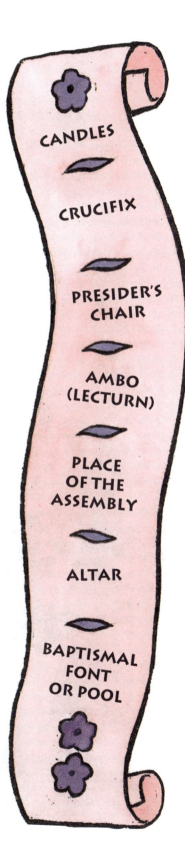

CANDLES

CRUCIFIX

PRESIDER'S
CHAIR

AMBO
(LECTURN)

PLACE
OF THE
ASSEMBLY

ALTAR

BAPTISMAL
FONT
OR POOL

Sharing Life

What do you like best about your parish
community and its church? What more
do you want to learn?

Nuestra Fe Catolica

Nuestra iglesia parroquial

Los católicos se reúnen en su parroquia para rezar. Una parroquia es un grupo de amigos de Jesús quienes alaban juntos a Dios.

Nuestra parroquia es nuestro hogar especial en la Iglesia, el cuerpo de Cristo. En nuestra parroquia rezamos y celebramos los sacramentos. Nos ayudamos unos a otros a vivir como discípulos de Jesús.

Cada parroquia tiene un edificio especial llamado iglesia parroquial. Este es nuestro lugar de culto. Es un lugar santo donde rezamos y adoramos a Dios como familia parroquial.

A la entrada de la iglesia hay una fuente de agua bendita cerca de la puerta. Ponemos un poco de agua bendita en nuestros dedos y hacemos la señal de la cruz para recordar nuestro bautismo. Hacemos una *genuflexión*, tocando el piso con nuestra rodilla derecha, hacia el tabernáculo para mostrar respeto por la presencia de Jesús en el Santísimo Sacramento.

En nuestra iglesia hay un altar, o mesa. El altar es el santuario, la parte de la iglesia donde el sacerdote nos dirige en adoración a Dios. Durante la misa llevamos nuestros regalos al altar.

Hay un crucifijo y velas encendidas cerca del altar donde juntos adoramos a Dios. Un crucifijo es una cruz que nos recuerda que Jesús murió y resucitó para darnos nueva vida.

OUR CATHOLIC FAITH

Our Parish Church

Catholics come together to pray with other people in their parish. A parish is a group of Jesus' friends who worship God together.

Our parish is our special home in the Church, the body of Christ. In our parish we pray and we celebrate the sacraments. We help one another to live as disciples of Jesus.

Each parish has a special building called the parish church. This is our worship space. It is a holy place where we pray and worship God as a parish family.

When we enter the church, there is a basin with holy water near the door. We take some holy water on our fingers and make the sign of the cross to remind us of our Baptism. We genuflect toward the tabernacle to show respect for the presence of Jesus in the Blessed Sacrament. This means we bend our right knee to the floor.

In our church there is an altar, or table. The altar is in the sanctuary, the part of the church building where the priest leads us in worshiping God. At Mass we bring our gifts to the altar.

A crucifix and lighted candles are near the altar when we worship God together. A crucifix is a cross that reminds us that Jesus died and rose to bring us new life.

49

VOCABULARIO

Santísimo Sacramento es otro nombre para la Eucaristía. Jesús está verdaderamente presente en el Santísimo Sacramento.

altar

Cerca del altar hay un púlpito. Es desde ahí donde se lee la palabra de Dios.

El cirio pascual es una vela grande. Es encendida durante el tiempo de Pascua para recordarnos que Jesús resucitó de la muerte y está siempre con nosotros.

En toda iglesia hay una fuente bautismal. Es ahí donde son bautizados y bienvenidos a la Iglesia los miembros del cuerpo de Cristo.

El domingo es nuestro día especial de adoración a Dios. Participamos en la misa todos los domingos o los sábados en la tarde en nuestra parroquia. También nos reunimos a adorar a Dios en misa durante seis días especiales llamados Días de fiestas de guardar.

Vamos a la parroquia a celebrar los sacramentos. Cuando alguien muere, el funeral es celebrado en la iglesia. Podemos visitar la iglesia durante otros momentos para rezar a Jesús en el Santísimo Sacramento.

Nuestra parroquia es más que un edificio. Es todo el pueblo que pertenece a nuestra comunidad parroquial. Juntos adoramos a Dios, compartimos nuestra fe y mostramos amor por los demás.

púlpito

Near the altar there is an ambo (lectern). Here the word of God is read to us.

The paschal candle is a large candle. It is lit during Easter season to remind us that Jesus is risen from the dead and is always with us.

Somewhere in each parish church there is a baptismal font or small baptismal pool. This is where people are baptized and welcomed into the Church as members of the body of Christ.

paschal candle

baptismal font

Blessed Sacrament is another name for the Eucharist. Jesus is really present in the Blessed Sacrament.

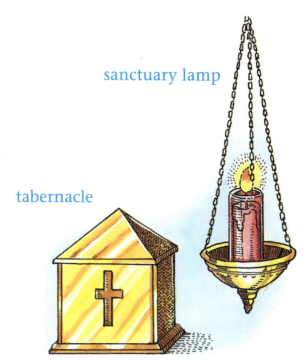

sanctuary lamp

tabernacle

Sunday is our special day to worship God. We take part in the Mass every Sunday or Saturday evening in our parish church. We also gather to worship God at Mass on six special days called holy days of obligation.

We go to our parish church to celebrate the sacraments. When someone dies, the funeral service is celebrated in our church. At other times we can visit our church to pray to Jesus in the Blessed Sacrament.

Our parish is much more than a church building. It is all the people who belong to our parish community. Together we worship God, share our faith, and show love for others.

51

ACERCANDOTE A LA FE

Mira las fotos de las cosas de la iglesia en las páginas 50 y 51. Nombra cada una y habla sobre ellas. Dibuja la que más te gusta.

¿Por qué necesitamos una iglesia parroquial?

¿Qué es lo que más te gusta de tu parroquia?

¿Por qué nuestra parroquia debe ser una comunidad de amor?

VIVIENDO LA FE

Planifiquen hacer una visita a la iglesia de la parroquia y hablen de las cosas que ven.

Luego invita a alguien de la parroquia a hablar contigo sobre como la parroquia adora a Dios y cuida de los necesitados.

¿Cómo compartirá el grupo este trabajo?

COMING TO FAITH

Look at the pictures of things in a parish church on pages 50 and 51. Name each one and tell about it. Draw your favorite one here.

Why do we need our parish church?

What do you like best about your parish?

Why should our parish be a loving community?

PRACTICING FAITH

Plan a visit together to your parish church and talk about all the things you see.

Then invite someone from the parish to talk to you about how the parish worships God and cares for those in need.

How will your group share in this work?

REPASO

Encierra en un círculo **Verdad** o **Falso**. Encierra el signo **?** si no estás seguro.

1. Una parroquia es un grupo de amigos de Jesús que juntos adoran a Dios.

   Verdad **Falso** **?**

2. Nuestra iglesia parroquial es una comunidad de discípulos de Jesús.

   Verdad **Falso** **?**

3. Vamos a nuestra parroquia a celebrar la misa y los sacramentos.

   Verdad **Falso** **?**

4. Nuestra parroquia la forman todas las personas que pertenecen a nuestra comunidad parroquial.

   Verdad **Falso** **?**

5. Escribe cómo puedes ayudar a tu parroquia a ser una comunidad de amor.

   _____

   _____

   _____

   _____

FE VIVA

EN EL HOGAR Y EN LA PARROQUIA

En esta lección los niños aprendieron acerca de nuestra comunidad parroquial y su iglesia. Hable con su niño acerca de las formas en que nuestra parroquia ayuda a otros a vivir como discípulos de Jesús adorando juntos a Dios, compartiendo nuestra fe y mostrando amor unos por otros, especialmente a los más necesitados. Si quiere haga la siguiente actividad con el niño.

Conociendo tu iglesia parroquial

Escriba las palabras de la lista en papelitos. Póngalos en una caja. Pida a cada uno sacar un papel, leer la palabra escrita en él y decir algo acerca de ella.

altar   crucifijo   pila bautismal
velas   tabernáculo   púlpito
estatuas   santuario

Resumen de la fe

- Los católicos se reúnen para rezar y trabajar juntos en su parroquia.

- Una parroquia es un grupo de amigos de Jesús que juntos adoran a Dios.

- Nuestra iglesia parroquial es un lugar santo donde oramos y adoramos a Dios.

REVIEW - TEST

Circle **True** or **False**. Circle **?** if you are not sure.

1. A parish is a group of Jesus' friends who worship God together.

   True   **False**   **?**

2. Our parish church is a community of Jesus' disciples.

   True   **False**   **?**

3. We go to our parish church to celebrate Mass and the sacraments.

   True   **False**   **?**

4. Our parish is all the people who belong to our parish community.

   True   **False**   **?**

5. Write how you can help your parish to be a loving community.

   _____

   _____

   _____

   _____

FAITH ALIVE — AT HOME AND IN THE PARISH

In this lesson your child learned about our parish community and its church. Talk with your child about ways our parish helps one another to live as Jesus' disciples by worshiping God together, by sharing our faith, and by showing love for others, especially people in need. You may want to use the following activities to help your child appreciate the parish church as our holy place of prayer and worship.

Know Your Parish Church

Write the words listed below on slips of paper. Place them in a box or a small paper bag. Have each person in your family choose one slip of paper, say the word or words aloud, and tell something about it.

altar	crucifix	baptismal font
candles	tabernacle	lectern
statues	sanctuary	stained-glass windows

Faith Summary

- Catholics come together to pray and work together with other people in their parish.

- A parish is a group of Jesus' friends who worship God together.

- Our parish church is a holy place where we pray and worship God.

6   Reconciliación

Perdona nuestras
ofensas, como
también nosotros
perdonamos a los
que nos ofenden.

NUESTRA VIDA

He aquí una adivinanza para ti.

Cuando alguien me hiere,
cuando estoy triste,
ayuda escuchar dos palabras
para que me hagan reír.

Y cuando hiero a alguien,
sé lo que tengo que decir
dos palabras sé que bien
pueden curar la herida.

Escribe las palabras en la burbuja.
¿Recuerdas alguna vez que alguien te dijo
esas palabras?

COMPARTIENDO LA VIDA

¿Cómo crees que sería el mundo si:

- todo el mundo se arrepintiera de lo malo que hace

- todo el mundo dijera "lo siento"

- todo el mundo tratara de ser mejor?

Comparte lo que sientes cuando alguien
a quien tú amas te perdona.

6 Reconciliation

Our Life

Here is a riddle for you to solve.

When somebody hurts me,
When I am sad and blue,
It helps to hear three little words
To make me smile for you.

And when I hurt another,
I know just what to say—
Three little words we know so well
Can chase the hurt away.

Write the three little words in
the speech balloon.

Tell about a time a person said
these words to you.

Sharing Life

What do you think the world
would be like:

- if everyone felt sorry for
  doing wrong

- if everyone said they were sorry

- if everyone tried to do better?

Share how you feel when someone you
love forgives you.

Decimos a Dios que estamos arrepentidos

Cuando pecamos y nos arrepentimos, Dios nos perdona. La Iglesia nos ayuda a celebrar el amor de Dios y el perdón de nuestros pecados en el sacramento de la Reconciliación. En este sacramento alabamos y damos gracias a Dios por su gran amor.

En este sacramento recibimos el perdón de Dios y somos reconciliados con la Iglesia. Tratamos de nuevo de amar a Dios y a los demás.

Cuando celebramos el sacramento de la Reconciliación, seguimos estos cinco pasos:

1. Pensamos en las veces que hemos tomado malas decisiones y no seguimos los Diez Mandamientos o la Ley del Amor. Esto es nuestro examen de conciencia.

2. Nos reunimos con el sacerdote y le decimos nuestros pecados. Esto es la confesión.

3. El sacerdote nos da una penitencia. Penitencia es algo bueno que hacemos o una oración que rezamos para mostrar a Dios arrepentimiento y que trataremos de ser mejores.

4. Hacemos una oración especial para decir que estamos arrepentidos. Esta oración es el Acto de Contrición.

5. El sacerdote dice las palabras de absolución. Estas palabras nos dicen que Dios nos perdona por medio del ministerio de la Iglesia.

Our Catholic Faith

We Tell God We Are Sorry

When we sin and are sorry, God forgives us. The Church helps us to celebrate God's love and the forgiveness of our sins in the sacrament of Reconciliation. In this sacrament we praise and thank God for His great love.

In this sacrament, we receive the forgiveness of God and are reconciled with the Church. We try to begin again to love God and others as we should.

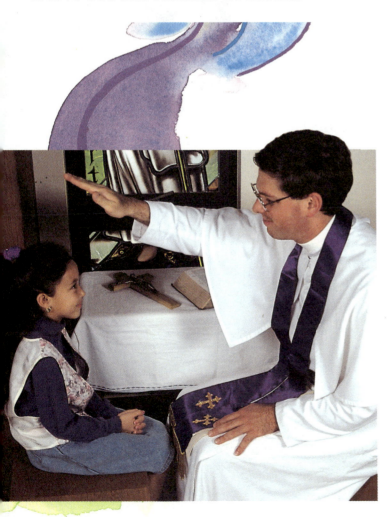

When we celebrate the sacrament of Reconciliation, we follow these five steps.

1. We think about the times we made bad choices and did not follow the Ten Commandments or the Law of Love. We call this our examination of conscience.

2. We meet with the priest and tell him our sins. We call this confession.

3. The priest gives us a penance. A penance is something good we do or prayers we say to show God we are sorry and will try to do better.

4. We say a special prayer to say "I'm sorry." We call it the Act of Contrition.

5. The priest says the words of absolution. These words tell us that God has really forgiven us through the ministry of the Church.

Acercandote a la Fe

¿Cómo nos ayuda la Iglesia a decir "lo siento"?

Trabaja con un compañero para practicar los pasos que seguimos para celebrar el sacramento de la Reconciliación.

Viviendo la Fe

Celebrando juntos el perdón

Guía: Dios de amor, venimos a ti para decirte que estamos arrepentidos de las veces que no hemos vivido los Diez Mandamientos y la Ley del Amor.

Lectura: Juan 15:9–14

Guía: Vamos a tomar unos minutos para pensar en las veces que no hemos amado a Dios y a los demás como Jesús nos enseñó. (Pausa)

Todos: Rezan un acto de contrición. (Ver página 272).

Guía: Dios de amor, sabemos que cuando estamos verdaderamente arrepentidos tú nos perdonas. Tú nos amas siempre. Ayúdanos a amarnos y a perdonarnos unos a otros.

Vamos a quedarnos en silencio por un momento. Luego demos gracias a Dios por sus dones de perdón y amor.

Coming To Faith

How does the Church help us to say "I am sorry"?

Work with a partner to practice the steps we follow in celebrating the sacrament of Reconciliation.

Practicing Faith

Celebrating Forgiveness Together

Leader: Loving God, we come to You to say that we are sorry for the times we have not lived the Ten Commandments and the Law of Love.

Reading: John 15:9–14

Leader: Let us take a few minutes to think about the times we have not loved God and others "… as Jesus taught us." (Pause)

All: (Say an act of contrition. See page 274.)

Leader: Loving God, we know that when we are truly sorry, You forgive us. You always love us. Help us to love and forgive one another.

Let us be very still for a moment. Then thank God for God's gifts of forgiveness and love.

REPASO

Cuando celebramos el sacramento de la Reconciliación, seguimos cinco pasos. Pon los pasos escritos abajo en el orden correcto. Enumera los pasos 1, 2, 3, 4, 5, en el orden en que se deben dar.

———— El sacerdote dice las palabras de la absolución. Estas palabras nos dicen que Dios realmente nos ha perdonado por medio del ministerio de la Iglesia.

———— Nos reunimos con el sacerdote y le decimos nuestros pecados. Esto es la confesión.

———— Decimos una oración especial de arrepentimiento a Dios, llamada Acto de Contrición.

———— Pensamos en las veces en que hemos tomado malas decisiones y no seguimos los Diez Mandamientos y la Ley del Amor. Llamamos a esto nuestro examen de conciencia.

———— El sacerdote nos da una penitencia. Una penitencia es algo bueno que debemos hacer o una oración para mostrar a Dios que estamos arrepentidos y que vamos a tratar de ser mejores.

FE VIVA

EN EL HOGAR Y EN LA PARROQUIA

En esta lección los niños aprendieron algo más acerca del sacramento de la Reconciliación. Hable con su niño acerca de como Dios está siempre dispuesto a perdonarnos cuando estamos arrepentidos de las cosas malas que hemos hecho o dicho. Puede tratar de ayudar al niño a aprender de memoria los cinco pasos de la celebración del sacramento de la Reconciliación. (Ver página 58).

Muchos niños, y adultos, piensan que con aparentar sentirse mal y decir las palabras "lo siento" todo está perdonado. Sin embargo, el arrepentimiento también conlleva un esfuerzo de mejorar y cambiar las malas maneras. La Iglesia Católica claramente enseña que debemos tratar de reparar todo el daño que hacemos a otros.

Hablando del perdón

Discuta con su niño la importancia de pedir perdón cuando ofendemos a alguien. Luego hablen de por qué debemos estar dispuestos a perdonar a aquellos que nos han ofendido.

† Oración en familia

Anime al niño a hacer un acto de contrición antes de ir a acostarse. (Ver página 272).

Celebrando juntos la Reconciliación.

La próxima vez que su parroquia celebre el sacramento de la Reconciliación en comunidad, invite al niño a ir con usted.

Resumen de la fe

• Celebramos el amor de Dios y el perdón de nuestros pecados en el sacramento de la Reconciliación.

• En el sacramento de la Reconciliación recibimos el perdón de Dios y somos reconciliados con la Iglesia.

REVIEW ■ TEST

When we celebrate the sacrament of Reconciliation, we follow five steps. Put the steps below in the right order. Number the steps 1, 2, 3, 4, and 5. Which comes first? second? and so on?

_____ The priest says the words of absolution. These words tell us that God has really forgiven us through the ministry of the Church.

_____ We meet with the priest and tell him our sins. We call this confession.

_____ We say a special prayer to tell God "I am sorry." We call it the Act of Contrition.

_____ We think about the times we made bad choices and did not follow the Ten Commandments or the Law of Love. We call this our examination of conscience.

_____ The priest gives us a penance. A penance is something good we do or prayers we say to show God we are sorry and will try to do better.

FAITH ALIVE AT HOME AND IN THE PARISH

In this lesson your child learned more about the sacrament of Reconciliation. Talk with your child about God's readiness to forgive us when we are sorry for the hurtful things we said or did. You might also want to help your child learn by heart the five steps for celebrating the sacrament of Reconciliation. (See page 59.)

Many children (and adults) think that by looking appropriately woeful and muttering the words "I am sorry" all can be forgiven. However, repentance also entails a new effort to do better, to change our ways. The Catholic Church clearly teaches that whenever we do a serious wrong to someone, we must try to make reparation.

Talk About Forgiveness

Discuss with your child the importance of asking forgiveness when we hurt someone. Then talk about why we must be ready to forgive those who have hurt us.

† Family Prayer

At bedtime, encourage your child to join you in saying an Act of Contrition. (See page 274.)

Celebrate Reconciliation Together

The next time your parish has a communal celebration of the sacrament of Reconciliation, invite your child to participate in it with you.

Faith Summary

- We celebrate God's love and forgiveness of our sins in the sacrament of Reconciliation.

- In the sacrament of Reconciliation we receive the forgiveness of God and are reconciled with the Church.

7 La Eucaristía

Jesús, gracias
por ser nuestro
Pan de Vida.

Nuestra Vida

Después que Jesús resucitó, se quedó
con sus discípulos por cuarenta días.
El momento de regresar a su Padre llegó.
Jesús sabía que sus amigos lo extrañarían
mucho cuando él se fuera. Así que los
reunió y los mandó a ir por todo el mundo
a contar la buena nueva y les hizo esta
maravillosa promesa: "Estaré con
ustedes todos los días hasta que
se termine este mundo".
Basado en Mateo 28:20

¿Qué crees que Jesús estaba diciendo
con esas palabras?

¿Cuándo sientes con más fuerzas que Jesús
está contigo?

Compartiendo la Vida

Cierra los ojos. Piensa en la promesa de Jesús.
¿Cómo te sientes al saber que Jesús está
siempre contigo? Comparte tus sentimientos
con tus compañeros.

7 Eucharist

Jesus, thank
You for being
our Bread
of Life.

Our Life

After Jesus rose from the dead, He
stayed with His disciples for forty
days. Then the time came for Him
to return to His Father. Jesus knew
that His friends would miss Him
very much when He was gone. So
He gathered them together and told
them to go through the whole world
and tell the good news to all people.
Then He made this wonderful promise.
He said, "I will be with you always,
to the end of the world."
From Matthew 28:20

What do you hear Jesus saying with
these words?

When do you most feel that Jesus is
with you?

Sharing Life

Close your eyes. Think about Jesus'
promise. How does it make you feel
to know that Jesus is always with
you? Share your feelings together.

Nuestra Fe Catolica

Celebramos la Eucaristía

En la última Cena, Jesús nos dio el regalo de sí mismo en la Eucaristía. La misa es nuestra celebración de la Eucaristía. En la misa recordamos la última Cena y el sacrificio de Jesús por nosotros en la cruz. Es por eso que la misa es una comida y un sacrificio. Juntos compartimos el regalo de la presencia real de Jesús con nosotros.

Vamos a preparar una celebración de la Eucaristía.

1. Escriban una carta invitando al párroco a celebrar una misa con el grupo.

2. Busquen una razón, o intención especial, para la celebración de esta misa.

3. Busquen las lecturas para la misa. Elijan los lectores. Practiquen las lecturas.

4. Elijan las canciones para la misa, teniendo en cuenta las lecturas. Ensáyenlas.

5. Decidan quienes serán los acólitos y quienes llevarán las ofrendas al altar.

6. Escriban algunas peticiones para la oración de los fieles. En ellas puedes pedir a Dios por las necesidades de la Iglesia, del mundo y nosotros. Los que van a leer las peticiones deben practicarlas.

7. Escriban una oración para juntos rezarla después de la comunión. Esta oración puede decir a Dios como el grupo tratará de ayudar a los que necesitan de nuestro amor y cuidado.

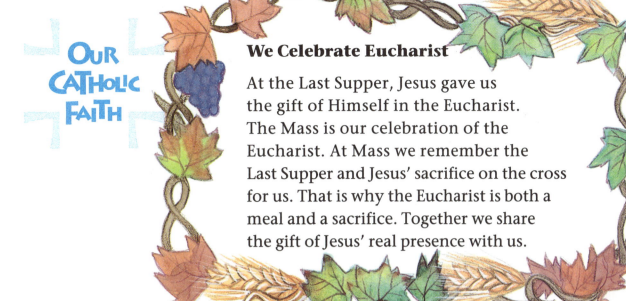

We Celebrate Eucharist

At the Last Supper, Jesus gave us the gift of Himself in the Eucharist. The Mass is our celebration of the Eucharist. At Mass we remember the Last Supper and Jesus' sacrifice on the cross for us. That is why the Eucharist is both a meal and a sacrifice. Together we share the gift of Jesus' real presence with us.

Let us prepare a celebration of the Eucharist.

1. Write a letter inviting your pastor to celebrate the Mass with your group.

2. Have a special reason or intention for celebrating this Mass.

3. Look up the readings for the Mass. Choose readers. Practice the readings.

4. Keeping these readings in mind, decide on songs or hymns for the Mass. Practice them ahead of time.

5. Decide who will be altar servers and who will bring the gifts of bread and wine to the altar.

6. Think about or write some petitions for the Prayer of the Faithful. These should ask God for what we need for the Church, the world, and ourselves. Those who will read the petitions should practice them.

7. Make up a prayer to say together after Communion. This prayer should tell God how we will try as a group to help those in need of our love and care.

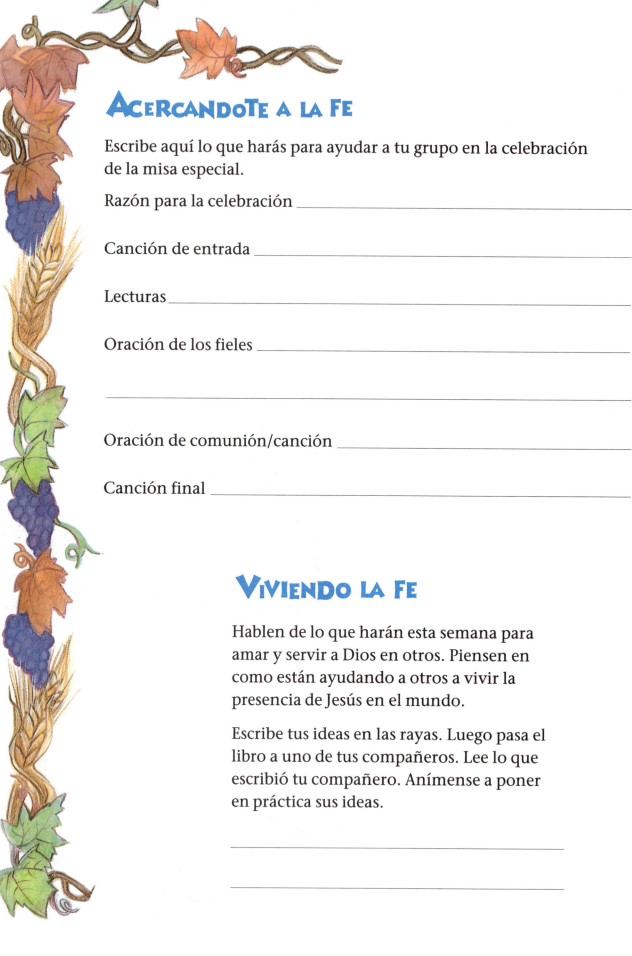

Acercandote a la Fe

Escribe aquí lo que harás para ayudar a tu grupo en la celebración de la misa especial.

Razón para la celebración _____

Canción de entrada _____

Lecturas _____

Oración de los fieles _____

_____

Oración de comunión/canción _____

Canción final _____

Viviendo la Fe

Hablen de lo que harán esta semana para amar y servir a Dios en otros. Piensen en como están ayudando a otros a vivir la presencia de Jesús en el mundo.

Escribe tus ideas en las rayas. Luego pasa el libro a uno de tus compañeros. Lee lo que escribió tu compañero. Anímense a poner en práctica sus ideas.

_____

_____

Coming To Faith

Write here what you decided to do to make your group celebration of the Mass a very special one.

Reason for Celebration _____

Entrance Song _____

Readings: _____

Prayer of the Faithful _____

_____

Communion Prayer/Song _____

Closing Song _____

Practicing Faith

Talk together about what you will do this week to love and serve God in others. Think about how you are helping others experience Jesus' presence in the world.

Write your ideas in the space provided. Then exchange books with your friends. Read what your friends have written. Encourage them to put their ideas into practice.

_____

_____

REPASO

Encierra en un círculo **verdad** o **falso**.

Encierra el signo **?** si no estás seguro.

1. Jesús nos da el regalo de sí mismo en la Eucaristía   **Verdad**   **Falso**   **?**

2. En la misa recordamos la última Cena y el sacrificio de Jesús en la cruz.   **Verdad**   **Falso**   **?**

3. La Eucaristía es un sacrificio y una comida.   **Verdad**   **Falso**   **?**

4. Escribe lo que dirás a Jesús cuando lo recibas en la sagrada comunión.

_____

_____

_____

_____

FE VIVA

EN EL HOGAR Y EN LA PARROQUIA

En esta lección los niños planificaron una celebración especial de la misa. Pregúntele acerca de estos planes. (Vea la página 66.)

Es importante para los niños desarrollar un aprecio por la Eucaristía como algo que se comparte y hacemos en comunidad. En los Hechos de los Apóstoles leemos que al principio los cristianos dedicaban tiempo a "aprender de los apóstoles, participaban con compañerismo y compartían en hermandad la comida y las oraciones" (Hechos 2:42). Todas las pertenencias eran comunes y a todos se les daba de acuerdo a sus necesidades. El alimentarse con la Eucaristía y compartirla lleva a una vida compartida en mutuo consentimiento y servicio. Lo mismo puede ser realidad hoy.

Ayude a su niño a crecer en aprecio por la Eucaristía, como nuestra celebración comunitaria de la comida y sacrificio especial de Jesús, alabando juntos con su parroquia todas las semanas. Es importante que los niños aprendan a cumplir la seria obligación de todo católico de participar en la misa todas las semanas.

† Oración en familia

En familia hagan una oración breve para dar gracias a Jesús por el regalo de la misa. Récenla juntos.

Resumen de la fe

- Jesús nos dio el regalo de sí mismo en la Eucaristía en la última Cena.

- La misa es una comida y un sacrificio.

REVIEW · TEST

Circle **True** or **False**.

Circle **?** if you are not sure.

1. Jesus gave us the gift of Himself in the Eucharist.   **True**   **False**   **?**

2. At Mass we remember the Last Supper and Jesus' sacrifice on the cross.   **True**   **False**   **?**

3. The Eucharist is both a meal and a sacrifice.   **True**   **False**   **?**

4. Write what you will say to Jesus when you receive Him in Holy Communion.

_____

_____

_____

_____

FAITH ALIVE
AT HOME AND IN THE PARISH

In this lesson your child participated in planning a special group celebration of the Mass. Ask him or her to tell you about the plans for the celebration. (See page 67.)

It is also important for children to develop an appreciation of the Eucharist as something shared, something we do as a community. The Acts of the Apostles tells us that the early Christians spent their time "learning from the apostles, taking part in fellowship, and sharing in the fellowship meals and prayers" (Acts 2:42). All goods were held in common, and everyone was provided for according to need. The sharing and nourishment of the Eucharist led to a life shared in mutual concern and service. The same should be true for us today.

Help your child grow in appreciation of the Eucharist as our communal celebration of Christ's special meal and sacrifice by worshiping together with your parish each week. It is so important for children to learn to fulfill every Catholic's serious obligation to participate in the Mass each weekend.

† Family Prayer

With your family make up a short prayer to thank Jesus for the gift of the Mass. Pray your family prayer together.

Faith Summary

- Jesus gave us the gift of Himself in the Eucharist at the Last Supper.

- The Mass is both a meal and a sacrifice.

Jesús,
enséñanos
a orar.

NUESTRA VIDA

He aquí una historia de la Biblia. Jesús y sus discípulos fueron a visitar a Marta y a María, quienes eran sus amigas. Ellas dieron la bienvenida a Jesús. María estaba tan contenta de ver a Jesús que se sentó a sus pies para oír sus palabras. Marta se puso triste porque tenía que hacer todo el trabajo, así que fue donde Jesús y le dijo: "Señor, ¿no te importa que mi hermana me deje todo el trabajo? Dile que me ayude".

Jesús le contestó: "Marta, Marta, tú te preocupas por muchas cosas. En realidad, una sola es necesaria. María escogió la mejor".
Basado en Lucas 10:38–42

¿Qué eligió hacer María?

¿Qué crees que María escuchaba decir a Jesús, mientras oía sus palabras?

COMPARTIENDO LA VIDA

¿Cuándo hablas y escuchas a Jesús?

¿Cuáles son las cosas que más te preocupan?

¿Cómo te puede ayudar Jesús cuando estás preocupado?

8   Our Parish Prays

Jesus, teach us
to pray.

Our Life

Here is a story from the Bible.

Jesus and His disciples went to visit Martha and Mary, who were friends of Jesus. They welcomed Jesus into their home. Mary was so happy to see Jesus that she sat at His feet to hear His words. Martha was upset over all the work she had to do, so she went to Jesus and said, "Lord, don't you care that my sister has left me to do all the work by myself? Tell her to come and help me!"

Jesus said, "Martha, Martha! You are worried about so many things. Just one thing is needed. Mary has chosen the best thing of all."
From Luke 10:38–42

What had Mary chosen to do?

What do you think Mary heard Jesus say as she listened to His words?

Sharing Life

When do you listen to and talk to Jesus?

What are some things that worry you most?

How can Jesus help you when you worry?

Rezamos solos o con otros

Rezar es hablar y escuchar a Dios. Podemos hablar con Dios usando nuestras propias palabras o rezando las oraciones católicas.

Rezamos por muchas razones:

- Podemos alabar a Dios, quien nos creó.

- Podemos decir a Dios que estamos arrepentidos de algo malo que hemos hecho.

- Podemos pedir a Dios que ayude a todo el mundo.

- Podemos pedir a Dios ayuda para nuestra propias necesidades.

- Podemos dar gracias a Dios por su amor y cuidado.

Podemos orar en cualquier momento. En las mañanas podemos ofrecer a Dios todas las cosas que vamos a hacer durante ese día. Por las noches podemos dar gracias a Dios por haber estado con nosotros todo el día.

Podemos rezar como comunidad parroquial. Rezamos con nuestra parroquia cuando juntos celebramos la misa y otros sacramentos.

Prayer Alone and with Others

Prayer is talking and listening to God. We can talk to God using our own words, or we can say prayers that all Catholics pray.

We pray for many reasons:

- We can praise God, who made us.

- We can tell God we are sorry for something we have done wrong.

- We can ask God's help for all people.

- We can ask God's help for our own needs.

- We can thank God for His love and care.

We can pray at any time. In the morning we can offer God all the things we will do that day. At night we can thank God for being with us all day.

God also wants us to pray as a parish community. We pray with our parish when we celebrate Mass and the other sacraments together.

Pedimos a la Virgen María y a otros santos que recen por nosotros, para poder seguir a Jesús. Santos son personas que amaron a Dios mucho y trataron de hacer su voluntad. Por el Bautismo, somos hermanos y hermanas en la fe y tenemos un lazo especial con ellos. Ellos rezan a Dios por nosotros.

Algunos santos han sido elegidos por la Iglesia para ser canonizados. El primero de noviembre nuestra parroquia recuerda a todos los que están en el cielo. Celebramos la fiesta de Todos los Santos.

VOCABULARIO

Canonizado significa ser nombrado santo por la Iglesia.

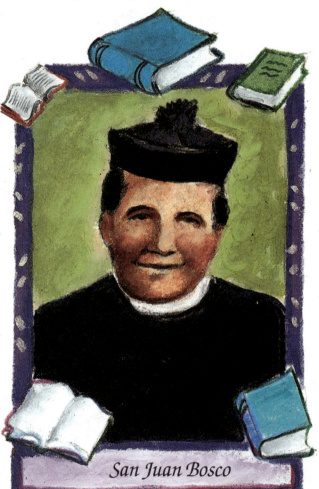

San Juan Bosco

Santa Teresita
(a los 11 años)

Todos los miembros de la Iglesia, vivos y difuntos, están unidos por el Bautismo. Esto es lo que significa la comunión de los santos. Este lazo de unidad no se rompe ni con la muerte. Todos los amigos de Jesús deben ayudarse unos a otros. Es por eso que rezamos por los que han muerto. El dos de noviembre, en la fiesta de Los Difuntos, rezamos por todos los que han muerto y descansan para siempre en la paz de Dios.

Canonized means being named a saint by the Church.

We ask the Blessed Virgin Mary and the other saints to pray for us for the help we need to follow Jesus. Saints are people who loved God very much and tried to do God's will. By Baptism, we are their brothers and sisters in faith and have a special bond with them. They pray to God for us.

Some saints have been chosen by the Church to be canonized. On November 1, our parish remembers everyone in heaven. We celebrate the feast of All Saints.

All the members of the Church, living and dead, are united by Baptism. This is what we mean by the communion of saints. This bond of unity is not broken even by death. All the friends of Jesus can still help one another. This is why we pray for those who have died. On November 2, the feast of All Souls, we pray for all the dead that they may rest in God's peace forever.

Acercándote a la Fe

Nombren algunas razones por las que rezan.

Hablen de cómo podemos aprender a
rezar juntos.

Di lo que sabes acerca de la comunión
de los santos.

¿Qué piensas acerca de esta parte de
nuestra fe católica?

Viviendo la Fe

Trabaja con un compañero
para hacer tu propia oración.
Usa palabras, gestos, arte o poesía.
Luego comparte tu oración
con el resto del grupo.

He aquí una oración que puedes
rezar antes de acostarte.

✝ Oración para la noche

Querido Dios, antes de irme a dormir
quiero darte gracias por este día,
lleno de tu bondad y amor.
Cierro mis ojos y descanso en
la seguridad de tu amoroso cuidado.

Coming To Faith

Name some reasons why we pray.

Talk over together how we can learn
to pray better.

Tell what you know about the
communion of saints.

What do you think about this part
of our Catholic faith?

Practicing Faith

Work with a friend to create
your own prayer. Use words,
gestures, art, or poetry.
Then share your prayer
with the rest of the group.

Here is a prayer for you
to pray before you go to sleep.

† An Evening Prayer

Dear God, before I fall asleep
I want to thank You for this day,
so full of Your kindness and
Your love. I close my eyes to rest now,
safe in Your loving care.

REPASO

Encierra en un círculo la letra al lado de la respuesta correcta.

1. Ser nombrado santo por la Iglesia es llamado
  a. celebración.
  b. liturgia.
  c. canonización.

2. El primero de noviembre celebramos la fiesta de
  a. Todos los Santos.
  b. Todos los Difuntos.
  c. los sacramentos.

3. _____ es hablar y escuchar a Dios.
  a. Rezar
  b. Liturgia
  c. Celebración

4. El dos de noviembre es la fiesta de
  a. Acción de Gracias.
  b. Inmaculada Concepción.
  c. Todos los Difuntos.

5. ¿Cómo tratarás de ser santo?

_____

FE VIVA

EN EL HOGAR Y EN LA PARROQUIA

En esta lección los niños aprendieron a rezar solos o con otros en la comunidad parroquial. Comparta con su niño la importancia de rezar en nuestra vida. Hable especialmente como hablarle a Jesús, en silencio o mientras se trabaja. Crear un hábito de la oración personal es esencial para el crecimiento espiritual de su niño.

Los niños también aprendieron acerca de la comunión de los santos. Ayude a su niño a entender que todos los miembros de la Iglesia difuntos y vivos, están unidos por el Bautismo. Explíquele que este lazo no lo rompe ni la muerte, podemos continuar ayudándonos unos a otros, especialmente por medio de la oración.

Rincón de oración

Si es posible, prepare un altar donde la familia pueda rezar junta. Coloque una estampa de Jesús o María. Ponga la Biblia cerca.

Resumen de la fe

• Rezar es hablar y escuchar a Dios.

• Pedimos a la Virgen María y a otros santos que recen por nosotros.

• Por el Bautismo pertenecemos a la comunión de los santos.

REVIEW • TEST

Circle the letter beside the correct answer.

1. Being named a saint by the Church is called
   a. celebration.
   b. liturgy.
   c. canonization.

2. On November 1 we celebrate the feast of
   a. All Saints.
   b. All Souls.
   c. the sacraments.

3. _____ is talking and listening to God.
   a. Prayer
   b. Liturgy
   c. Celebration

4. November 2 is the feast of
   a. Thanksgiving.
   b. the Immaculate Conception.
   c. All Souls.

5. How can you try to be a saint?

_____

FAITH ALIVE AT HOME AND IN THE PARISH

In this lesson your child learned how we pray, both alone as individuals and together as a parish community. Share with your child the importance of prayer in your life. Discuss especially how to talk to Jesus both in quiet moments and in the midst of work. Developing the habit of personal prayer is essential for the spiritual growth of your child.

Your child also learned about the communion of saints. Help your child understand that all the members of the Church, both living and dead, are united by Baptism. Explain that since this bond is not broken, even by death, we can still help one another, especially through prayer.

Prayer Corner
If possible, set up a prayer corner in your home where your family can pray together. Display a picture of Jesus, Mary, or your favorite saint on a table covered with a cloth. Place a Bible nearby.

Faith Summary
- Prayer is talking and listening to God.
- We ask the Blessed Virgin Mary and other saints to pray for us.
- By Baptism we belong to the communion of saints.

9 Nuestra parroquia adora

Dios de amor,
venimos a rezar
y a alabarte.

NUESTRA VIDA

Mira estas fotos.
Estos son algunos de los signos que usan
los sordos para hablar.

¿Has visto alguna vez a alguien usar estos
signos? Cuéntanos.

Trata de decir alguna palabra con tus
manos. ¿Cómo te hace sentir?

¿Tiene algunos de estos signos un
sentido especial para ti?
Explica lo que estos signos significan
para ti.

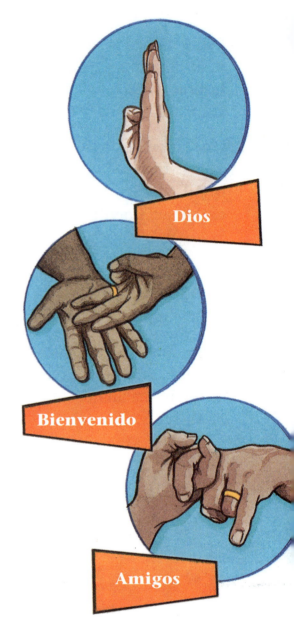

Dios

Bienvenido

Amigos

COMPARTIENDO LA VIDA

¿Por qué algunas veces usamos signos
para hablarnos unos a otros?

¿Crees que hay veces en que los signos son
mejores que las palabras para expresarte?

¿Cuáles son algunos de los signos que
Dios usa para llegar a nosotros?

9 | Our Parish Worships

Loving God, we come to praise and honor You.

Our Life

Look at the pictures.
These are some of the signs that hearing impaired people sometimes use to talk to one another.

Have you ever seen anyone use sign language? Tell about it.

Try saying some of these words with your hands. How does it make you feel?

Are there other signs that have special meaning for you?
Tell what these signs mean to you.

I

Sharing Life

Love

You

God

Why do we sometimes use signs to say things to one another?

Are there times when signs are even better than words for saying what we mean?

What are some of the signs that God uses to reach out to us?

Nuestra Fe Católica

Los siete sacramentos

La Iglesia Católica tiene siete poderosos signos por medio de los cuales Jesucristo comparte la vida y el amor de Dios con nosotros. Estos son llamados los siete sacramentos.

Un signo es algo que podemos ver o escuchar, gustar o tocar. Un signo nos dice acerca de algo que no podemos ver. Señala algo más importante.

En los siete sacramentos usamos agua, aceite, pan y vino, palabras y acciones. Por medio de estos signos y por el poder del Espíritu Santo, Jesús comparte la vida y el amor de Dios con nosotros. Llamamos gracia, a esta vida y amor de Dios en nosotros.

Los sacramentos nos traen la gracia de Dios y nos ayudan a vivir como su pueblo. Unidos por el Espíritu Santo, la Iglesia se reúne para celebrar los siete poderosos signos que son los sacramentos. Escuchamos la palabra de Dios. Alabamos y honramos a Dios. Por medio de los sacramentos, participamos de la vida de la Santísima Trinidad. Llamamos culto a las alabanzas y el honor que rendimos a Dios. Los sacramentos son nuestros signos más poderosos para adorar a Dios.

Usa el cuadro en la página 86 para aprender sobre los siete sacramentos de la Iglesia Católica.

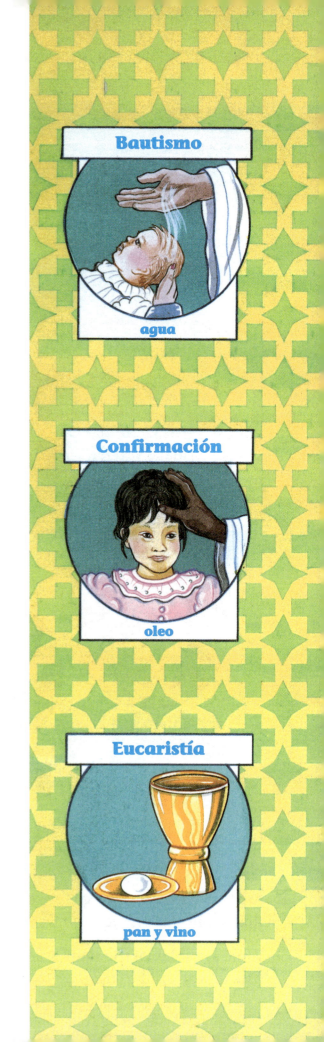

Bautismo

agua

Confirmación

oleo

Eucaristía

pan y vino

Reconciliación

absolución

Unción de los Enfermos

santos oleos

Orden Sagrado

imposición de manos

Matrimonio

votos

OUR CATHOLIC FAITH

The Seven Sacraments

The Catholic Church has seven powerful signs through which Jesus Christ shares God's life and love with us. We call these signs sacraments.

A sign is something we can see or hear, taste or touch. A sign tells us about something else that we cannot see. It points to something more important.

In the seven sacraments we use water, oil, bread and wine, words, and actions. Through these signs and by the power of the Holy Spirit, Jesus shares God's own life and love with us. We call God's life and love in us God's grace.

The sacraments bring us God's grace and help us to live as God's people. Joined together by the Holy Spirit, the Church gathers to celebrate the seven powerful signs that are the sacraments. We listen to God's word. We give praise and honor to God. Through the sacraments, we share in the life of the Blessed Trinity. The praise and honor we give to God is called worship. The sacraments are our most powerful signs for worshiping God.

Use the chart on page 87 to learn about the seven sacraments of the Catholic Church.

Sacramentos son signos poderosos por medio de los cuales Jesús comparte la vida y el amor de Dios con nosotros en la comunidad de la Iglesia.

Por el poder del Espíritu Santo, la Iglesia celebra siete sacramentos.

Sacramentos de iniciación	La Iglesia nos invita y nos acoge.
Bautismo	Somos liberados del pecado, nos hacemos hijos de Dios y somos bienvenidos como miembros de la Iglesia.
Confirmación	El Espíritu Santo viene a nosotros en forma especial para darnos el valor de vivir como discípulos de Jesús.
Eucaristía	Por el poder del Espíritu Santo el pan y el vino se convierten en el cuerpo y la sangre de Cristo en la misa. Recibimos a Jesús mismo en la sagrada comunión.
Sacramentos de sanación	La Iglesia perdona y sana.
Reconciliación	Celebramos el amor de Dios y el perdón de nuestros pecados.
Unción de los Enfermos	La Iglesia lleva el poder sanador de Dios a nuestros enfermos.
Sacramentos de servicio	La Iglesia nos ayuda a amar y a servir.
Orden Sagrado	La Iglesia elige a los hombres que van a ser ordenados para servir como obispos, sacerdotes y diáconos.
Matrimonio	Dios bendice el amor y el matrimonio de una pareja. Por medio del amor y del servicio a otros, la Iglesia y el mundo.

Sacraments are powerful signs through which Jesus shares God's life and love with us in the community of the Church.

By the power of the Holy Spirit, the Church celebrates seven sacraments.

Sacraments of Initiation	The Church invites and welcomes us.
Baptism	We are freed from sin, become children of God, and are welcomed as members of the Church.
Confirmation	The Holy Spirit comes to us in a special way to give us courage to live as Jesus' disciples.
Eucharist	By the power of the Holy Spirit, the bread and wine become the Body and Blood of Christ at Mass. We receive Jesus Himself in Holy Communion.
Sacraments of Healing	The Church forgives and heals.
Reconciliation	We celebrate God's love and forgiveness of our sins.
Anointing of the Sick	The Church brings God's own healing and peace to the sick.
Sacraments of Service	The Church helps us to love and serve.
Holy Orders	The Church chooses the men to be ordained ministers and to serve as bishops, priests, and deacons.
Matrimony	God blesses the love and marriage of couples. Through their love, they serve each other, the Church, and the world.

Compartir una comida en familia

Túrnense para hablar sobre los sacramentos que han recibido.

¿Por qué crees que celebramos los sacramentos juntos?

VIVIENDO LA FE

Hablen acerca de formas en que pueden "vivir los sacramentos", un signo del amor de Dios por nosotros.

Haz tu propio signo de lo que harás. Dibújalo, luego terminen rezando juntos: "Gloria al Padre. . . ."

Toma tiempo para rezar

GRACIAS DIOS POR LA CREACION

Share a Family Meal

Take turns telling about the sacraments you have taken part in so far.

Why do you think we celebrate the sacraments together?

Take Time to Pray

THANK GOD FOR CREATION

PRACTICING FAITH

Talk together about ways you can be a "living sacrament"—a sign of God's love for others.

Make up your own symbol for what you will do. Draw it on the poster and explain it.

Take turns sharing your posters. Then close by praying together, "Glory to the Father . . . ."

REPASO

Completa.

1. Los _____ son poderosos signos mediante los cuales Jesús comparte la vida de Dios con nosotros.

2. Los sacramentos de iniciación son _____,

_____ y _____.

3. Los sacramentos de sanación son _____

y _____.

4. Los sacramentos de servicio son _____

y _____.

5. Explica un sacramento que hayas recibido y lo que significa para ti.

_____

_____

_____

_____

FE VIVA

EN EL HOGAR Y EN LA PARROQUIA

En esta lección los niños aprendieron que los sacramentos son signos por medio de los cuales Jesús, por el poder del Espíritu Santo, comparte la vida y el amor de Dios con nosotros. Pida a su niño que le hable sobre los sacramentos. Luego háblele sobre su propio Bautismo y otros sacramentos celebrados.

Resumen de la fe

• Adoramos a Dios por medio de los siete sacramentos.

• Los sacramentos de iniciación nos dan la bienvenida a la comunidad de la Iglesia.

• Los sacramentos de sanación y servicio nos ayudan a amarnos y a servirnos.

REVIEW ▪ TEST

Fill in the missing word or words.

1. Powerful signs through which Jesus shares God's life with us are called

_____ .

2. The sacraments of initiation are _____ ,

_____ and _____ .

3. The sacraments of healing are _____

and _____ .

4. The sacraments of service are _____

and _____ .

5. Tell about one sacrament you have received and what it means to you.

_____

_____

_____

_____

FAITH ALIVE AT HOME AND IN THE PARISH

In this lesson your child learned that the sacraments are signs through which Jesus, by the power of the Holy Spirit, shares God's life and love with us. Ask your child to tell you about each sacrament. Then talk about his or her own Baptism and any other sacraments celebrated.

Faith Summary

- We worship God through the seven sacraments.
- The sacraments of initiation welcome us into the Church comunity.
- The sacraments of healing and service help us to love and serve one another.

10 Nuestra parroquia celebra el perdón

*Dios de amor,
perdónanos como
perdonamos
a otros.*

Nuestra Vida

Un día Jesús contó una historia para enseñar acerca del perdón de Dios. Había un hombre muy rico que tenía dos hijos. Uno de ellos quería su parte del dinero de su padre para irse a ver el mundo. Cuando lo recibió, se juntó con malas compañías y perdió todo su dinero.

Un día el joven, sin dinero, pobre, sucio y con hambre pensó: "Volveré a mi padre y le diré: 'Padre, pequé contra Dios y contra ti. No soy digno de llamarme hijo tuyo. Trátame como a uno de tus sirvientes'".

Cuando el padre vio a su hijo volver corrió y lo abrazó para recibirlo. Luego llamó a los sirvientes y les dijo: "Vamos a tener una gran fiesta para celebrar. Mi hijo ha regresado a casa".

Basado en Lucas 15:11–32

¿Qué nos dice esta historia acerca del perdón de Dios?

Compartiendo la Vida

En silencio piensa en alguna vez en que hiciste algo por lo que necesitabas ser perdonado.

¿Qué crees te dirá Dios cuando digas que estás arrepentido?

Comparte tus pensamientos con un amigo.

10 Our Parish Celebrates Forgiveness

Our Life

One day, Jesus told a story to teach about God's great forgiveness. There was a rich man who had two sons. One of them wanted his share of his father's money so he could go and see the world. After he received it, he got in with a bad crowd and lost all his money.

One day the son woke up poor, dirty, and hungry. He said to himself, "I will go back home to my father and say, 'Father, I have sinned against God and you. I am no longer fit to be called your son. Treat me as one of your hired hands.'"

One day the father saw his son returning home. He rushed out and hugged his son in welcome. Then he shouted to his servants, "Let us have a wonderful feast to celebrate! My son has come home!"
From Luke 15:11–32

What does this story tell us about God's forgiveness?

Sharing Life

Quietly think of something you have done for which you need to be forgiven.

What do you think God will say to you when you say you are sorry?

Share your thoughts with a friend.

Celebramos la Reconciliación

Algunas veces no hacemos la voluntad de Dios. No amamos a Dios ni a los demás como Jesús quiere que amemos. Somos egoístas e injustos. Hacemos cosas que sabemos están mal. Pecamos.

Pecar es libremente elegir lo que sabemos está mal. Desobedecemos la Ley de Dios a propósito.

Algunos pecados son tan serios que al cometerlos nos alejamos completamente del amor de Dios. Estos son llamados pecados mortales. Tenemos que confesar los pecados mortales. Un pecado es mortal cuando:

- lo que hacemos es malo;

- sabemos que es malo y que Dios lo prohibe;

- libremente elegimos hacerlo.

Pecados menos serios son llamados pecados veniales. El pecado venial debilita nuestra amistad con Dios pero no nos aleja completamente del amor de Dios.

Cuando estamos verdaderamente arrepentidos de nuestros pecados, Dios siempre nos perdona. En la Iglesia Católica celebramos el perdón de Dios en el sacramento de la Reconciliación o Penitencia. Celebramos la Reconciliación con el sacerdote, solos o con otros.

Nos preparamos para celebrar la Reconciliación preguntándonos que tan bien hemos amado a Dios, a los demás y a nosotros mismos. A esto lo llamamos examen de conciencia. Nuestra conciencia nos dice cuando algo que hemos hecho está mal o está bien. El Espíritu Santo nos ayuda a examinar nuestra conciencia.

We Celebrate Reconciliation

Sometimes we do not do God's will. We do not love God and others as Jesus wants us to love them. We are selfish or unfair. We do things that we know are wrong. We sin.

Sin is freely choosing to do what we know is wrong. We disobey God's law on purpose.

Some sins are so serious that by doing them we turn away completely from God's love. We call them mortal sins. We must always confess a mortal sin. Sin is mortal when:

- what we do is very seriously wrong;

- we know that it is wrong and that God forbids it;

- we freely choose to do it.

Less serious sins are called venial sins. Venial sin weakens our friendship with God, but does not turn us away completely from God's love.

When we are truly sorry for our sins, God always forgives us. In the Catholic Church we celebrate God's forgiveness in the sacrament of Reconciliation, or Penance. We celebrate Reconciliation with the priest either by ourselves or with others.

We get ready to celebrate Reconciliation by asking ourselves how well we have loved God, others, and ourselves. We call this our examination of conscience. Our conscience lets us know when something we have done is right or wrong. The Holy Spirit helps us to examine our conscience.

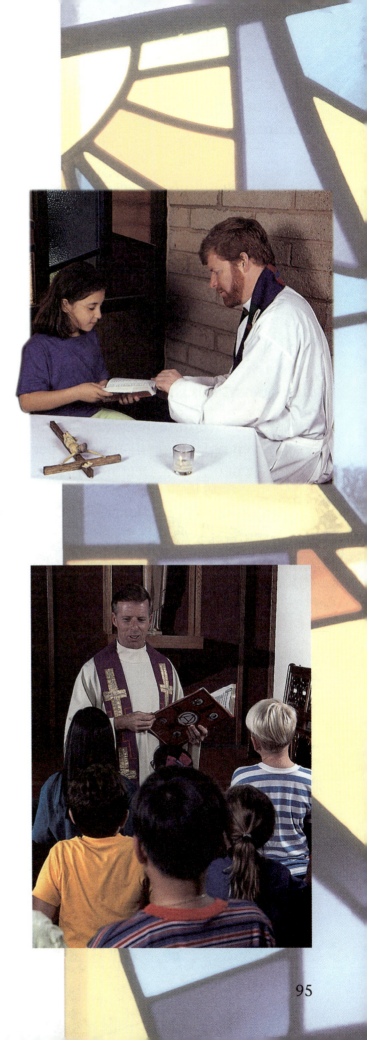

Confesión es decir nuestros pecados al sacerdote en el sacramento de la Reconciliación.

Cuando celebramos el sacramento de la Reconciliación o Penitencia, empezamos diciendo una alabanza a Dios por su amor a nosotros. Luego vamos uno por uno donde el sacerdote a confesar nuestros pecados. Recuerda, el sacerdote nunca dice a nadie lo que le decimos en la confesión. El sacerdote escucha nuestros pecados y nos da su consejo acerca de cómo debemos ser mejores discípulos de Jesús.

Después el sacerdote nos pide hacer una oración en reparación de nuestros pecados. Esto es la penitencia. Decimos un acto de contrición para mostrar que estamos arrepentidos de nuestros pecados. Prometemos tratar de evitar pecar y ser buenos.

Luego recibimos la absolución. Absolución significa que somos libres del pecado. El sacerdote nos perdona en nombre de Dios y en el nombre de la Iglesia. Pone sus manos en nuestra cabeza y nos dice:

"Por el ministerio de la Iglesia que Dios te dé su perdón y yo te absuelvo en el nombre del Padre, y del Hijo ✝ y del Espíritu Santo".

Después de celebrar este maravilloso y sanador sacramento de la Reconciliación, damos gracias a Dios. Sabemos que nuestros pecados son perdonados por medio del poder del Espíritu Santo. Prometemos perdonar a los demás como Dios nos perdona.

Confession is telling our sins to the priest in the sacrament of Reconciliation.

When we celebrate the sacrament of Reconciliation, or Penance, we begin by thanking and praising God for His love for us. Then we go one by one to the priest to confess our sins. Remember, the priest will never tell anyone what we say to him in confession. The priest listens to our sins and gives us advice about ways to be better disciples of Jesus.

Then the priest asks us to say a prayer or do something to make up for our sins. This is called a penance. We say an Act of Contrition to show that we are sorry for our sins. We promise to try harder to avoid sin and to do good.

Next, we receive absolution. Absolution means being freed from our sins. The priest forgives us in God's name and in the name of the Church. He places his hand over our head and says,
"Through the ministry of the Church may God give you pardon and peace, and I absolve you from your sins in the name of the Father, and of the Son, ✝ and of the Holy Spirit."

After celebrating the wonderful and healing sacrament of Reconciliation, we thank God. We know our sins are forgiven through the power of the Holy Spirit. We promise to forgive others as God has forgiven us.

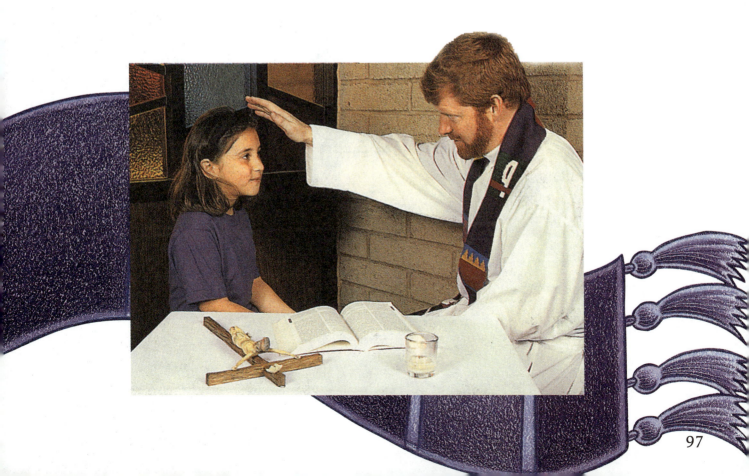

Acercandote a la Fe

Lee la siguiente historia. Di lo que cada persona debe hacer y por qué.

Martha está en el centro. Ella vio un reloj muy caro. "Puedo tomarlo. Nadie me está mirando". Pensó.

La madre de Gregorio dijo: "No puedes ver televisión mientras no termines tu tarea". Gregorio tiene tarea de aritmética que hacer.

¿Cómo nos ayuda el sacramento de la Reconciliación a vivir como discípulos de Jesús?

Viviendo la Fe

Dramaticen la historia del padre que perdona.

¿Hay alguien a quien necesitas pedir perdón? ¿Qué vas a hacer?

¿Hay alguien a quien necesitas perdonar? ¿Qué vas a hacer?

Juntos hagan una oración a nuestro Padre.

Piensa en palabras de perdón.

Coming To Faith

Read each story below. Tell what each person should do, and why.

Martha is in the mall. She sees a watch she wants but can't afford. "I could take it. No one will see," she thinks.

Craig's mother says, "You can't watch TV unless your homework is done." Craig has math homework to do.

How does the sacrament of Reconciliation help us live as disciples of Jesus?

Practicing Faith

Act out the story of the forgiving father. Then sing together:

(to the tune of "Down by the Station")

Every day the father waited
  for his son's returning.
Every day he waited, waited,
  and his heart was yearning.
"Oh my child, come back to me.
  I always will forgive.
Oh my child, come back to me
  and you will surely live!"

Is there someone whose forgiveness you need? What will you do?

Is there someone you need to forgive? What will you do?

Now pray the Our Father together. Think about its words of forgiveness.

REPASO

Encierra en un círculo la letra al lado de la respuesta correcta.

1. Cuando libremente elegimos hacer lo que sabemos está mal,

   a. cometemos un error.   **b.** pecamos.   **c.** evitamos la tentación.

2. El pecado que nos separa completamente de Dios es llamado pecado

   a. mortal.   **b.** original.   **c.** venial.

3. La oración donde le decimos a Dios que estamos arrepentidos es el

   a. Credo Apostólico.   **b.** Padre Nuestro.   **c.** Acto de Contrición.

4. El decir nuestros pecados al sacerdote es llamado

   a. absolución.   **b.** confesión.   **c.** penitencia.

5. ¿Cómo podemos celebrar el perdón de Dios en la Iglesia?

_____

_____

_____

FE VIVA

EN EL HOGAR Y EN LA PARROQUIA

Esta semana los niños aprendieron algo más sobre las formas de celebrar el sacramento de la Reconciliación o Penitencia. Hable con su niño acerca de las dos formas de celebrar este sacramento.

En el Rito Individual, cada uno va donde el sacerdote en el lugar de confesar. Podemos sentarnos y hablar con él cara a cara, o podemos arrodillarnos en el confesionario.

En el Rito Comunitario, juntos con el sacerdote y los demás, rezamos al Espíritu Santo y damos gracias a Dios por su regalo del perdón. Cantamos himnos y escuchamos lecturas de la Biblia. Cada uno va donde el sacerdote a confesar sus pecados y a recibir la absolución.

Resumen de la fe

- Nos preparamos para la Reconciliación examinando nuestra conciencia.

- Celebramos la Reconciliación con el sacerdote solos o con otros miembros de la comunidad.

- La Reconciliación nos ayuda a perdonar a otros.

REVIEW ▪ TEST

Circle the letter beside the correct answer.

1. When we freely choose to do things we know are wrong, we

    a. make a mistake.   **b.** sin.   **c.** avoid temptation.

2. A sin that completely separates us from God is called

    a. mortal sin.   **b.** original sin.   **c.** venial sin.

3. A prayer that tells God we are sorry is the

    a. Apostles' Creed.   **b.** Our Father.   **c.** Act of Contrition.

4. Telling our sins to the priest is called

    a. absolution.   **b.** confession.   **c.** penance.

5. How can we celebrate God's forgiveness in the Church?

_____

_____

_____

FAITH ALIVE ▪ AT HOME AND IN THE PARISH

This week your child has learned more about the ways to celebrate the sacrament of Reconciliation, or Penance. Talk to your child about the following two ways of celebrating this sacrament.

In the Individual Rite, we each meet with the priest in the reconciliation room. We can sit and talk to him face-to-face, or we can kneel behind a screen.

In the Communal Rite, together with the priest and people from our parish, we pray to the Holy Spirit and thank God for the gift of forgiveness. We sing hymns and listen to readings from Scripture. We each go to the priest to confess our sins and receive absolution.

Faith Summary

- We prepare for Reconciliation by examining our conscience.
- We celebrate Reconciliation with the priest either by ourselves or with others from the parish community.
- Reconciliation helps us to forgive others.

11 Nuestra parroquia se prepara para la misa

Oh Dios, venimos
a ti con gozo
y acción
de gracias.

Nuestra Vida

En una comida especial la noche antes de morir, Jesús tomó pan, lo partió y lo dio a sus discípulos diciendo: "Tomen y coman. Este es mi cuerpo".

Luego Jesús tomó una copa de vino y dio gracias a Dios. Jesús dio la copa a sus amigos diciendo: "Tomen y beban todos de ella. Esta es mi sangre derramada por ustedes para el perdón de los pecados".
Basado en Mateo 26:26–28

Después, Jesús dijo a sus discípulos: "Hagan esto en memoria mía". Ahora Jesús está con sus amigos por siempre en la Eucaristía.

¿Qué dice Jesús a sus discípulos en esta historia?

¿Qué regalos ofreces a Jesús en la misa?

Compartiendo la Vida

Imagínate en la última Cena. ¿Qué crees que Jesús quiso decir cuando dijo: "Hagan esto en memoria mía?"

¿Cuál crees es la forma más especial en que Jesús está presente en nosotros?

11 | Our Parish Prepares for Mass

O God, we come
before You
with joy and
thanksgiving.

Our Life

At a special meal on the night before He died, Jesus took bread, broke it, and gave it to His disciples, saying, "Take and eat this. This is My Body."

Then Jesus took a cup of wine and gave thanks to God. Jesus handed the cup to His friends, saying, "Drink this, all of you. This is My Blood poured out for many for the forgiveness of sin."

From Matthew 26:26–28

After this, Jesus told His disciples, "Do this in memory of Me." Now Jesus would be with His friends forever in the Eucharist.

What is Jesus saying to His disciples in this story?

What gift do you bring to Jesus at Mass?

Sharing Life

Imagine you had been at the Last Supper. What do you think Jesus meant by "Do this in memory of Me"?

What do you think is the most special way Jesus is present with us?

Nuestra Fe Catolica

Nuestra parroquia celebra la Eucaristía.

Todas las semanas nuestra comunidad parroquial se reúne para la celebración más importante que nosotros compartimos, la misa. La misa es nuestra mayor oración de acción de gracias y alabanza a Dios. La misa es nuestra celebración de la Eucaristía. En la misa recordamos lo que Jesús hizo en la última Cena.

La misa es una comida y un sacrificio. La misa es una comida en la que Jesús nos da el regalo de sí mismo, para ser nuestra comida. La misa es también un sacrificio. El sacerdote actúa en nombre de Cristo para ofrecer este sacrificio.

En la misa compartimos el regalo de Jesús mismo a Dios Padre. Recordamos y celebramos la vida, muerte y resurrección de Jesús. Jesús murió para salvarnos de nuestros pecados y para traernos nueva vida.

Jesús resucitó de la muerte el Domingo de Resurrección y está con nosotros siempre. Cada vez que nos reunimos en la celebración de la misa, es como si celebráramos la Pascua.

Para la Iglesia Católica es una responsabilidad seria que sus miembros participen en la misa todas las semanas el domingo, o el sábado en la tarde y los días de precepto.

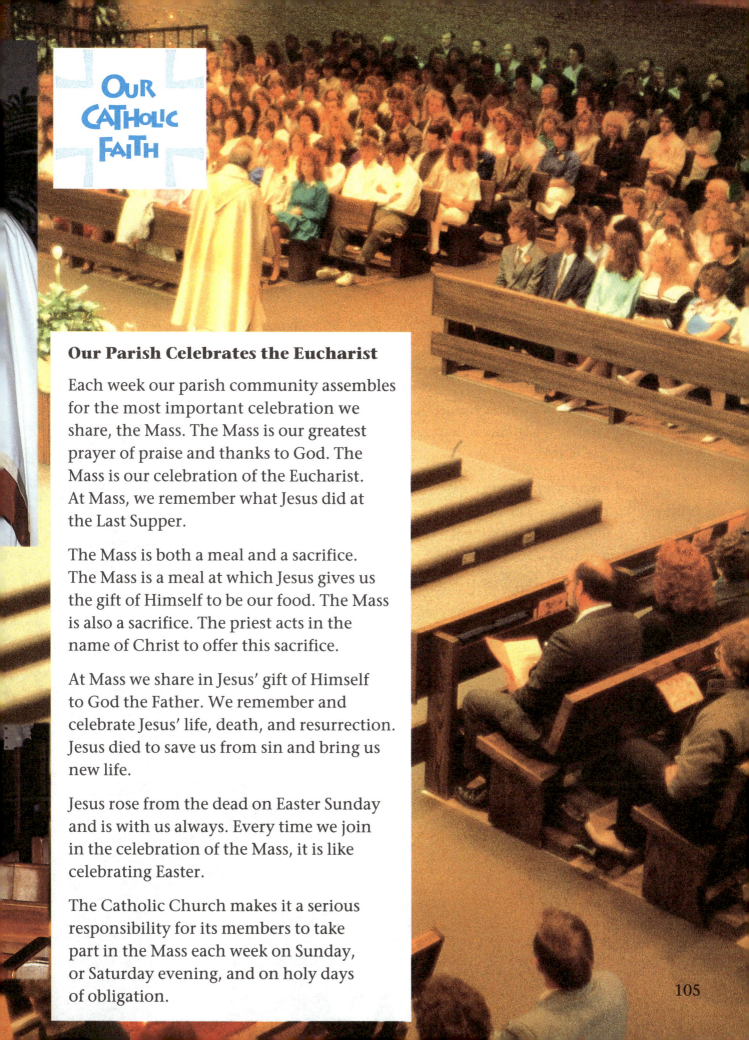

Our Parish Celebrates the Eucharist

Each week our parish community assembles for the most important celebration we share, the Mass. The Mass is our greatest prayer of praise and thanks to God. The Mass is our celebration of the Eucharist. At Mass, we remember what Jesus did at the Last Supper.

The Mass is both a meal and a sacrifice. The Mass is a meal at which Jesus gives us the gift of Himself to be our food. The Mass is also a sacrifice. The priest acts in the name of Christ to offer this sacrifice.

At Mass we share in Jesus' gift of Himself to God the Father. We remember and celebrate Jesus' life, death, and resurrection. Jesus died to save us from sin and bring us new life.

Jesus rose from the dead on Easter Sunday and is with us always. Every time we join in the celebration of the Mass, it is like celebrating Easter.

The Catholic Church makes it a serious responsibility for its members to take part in the Mass each week on Sunday, or Saturday evening, and on holy days of obligation.

La **misa** es nuestra celebración de la comida especial y sacrificio de Jesús.

Todos ayudan en la celebración

Todos los presentes ayudan en la celebración de la misa. Hacemos esto al rezar juntos y participando activamente en la celebración.

Muchas personas en nuestra parroquia tienen un papel especial en nuestra gran celebración de la misa. Los lectores nos leen de la Biblia. Los ministros eucarísticos ayudan al sacerdote o al diácono a dar la sagrada comunión. Algunas veces ellos llevan la comunión a aquellos que no pueden asistir a la misa.

Los acólitos encienden las velas en el altar. Ellos preparan el vino y el agua para la celebración. Durante la misa ellos ayudan o sirven al sacerdote.

Los acomodadores nos dan la bienvenida y nos ayudan a buscar asiento. Ellos recogen la colecta durante la misa. Los músicos y el coro eligen las canciones que vamos a cantar. Nuestro coro nos dirige rezando a Dios por medio del canto.

Puede que no siempre sea fácil para nosotros ir a misa. Pero debemos hacer todo lo posible para asistir todas las semanas. Este es un deber serio de nuestra fe católica.

The **Mass** is our celebration of Jesus' special meal and sacrifice.

Everyone Helps to Celebrate

Everyone present helps in the celebration of Mass. We do this by praying together and actively taking part in the celebration.

Many people in our parish have special roles in our great celebration of Mass. The lectors read to us from the Bible. The eucharistic ministers help the priest and deacon to give us Holy Communion. Sometimes they bring Communion to those who cannot come to Mass.

Altar servers light the altar candles. They make sure that the water and wine are ready for the celebration. During Mass they help, or serve, the priest.

The ushers welcome us and help us to find seats. They collect our donations during Mass. The musicians and the choir choose songs for us to sing. Our choir leads us in praying to God through song.

It may not always be easy for us to get to Mass. But we are to do all we can to get to Mass each week. This is a serious responsibility of our Catholic faith.

107

ACERCANDOTE A LA FE

¿Cómo te sientes al saber que Jesús está con nosotros cuando celebramos la misa?

Explica lo que a tu edad puedes hacer para ayudar a tu parroquia a prepararse para la misa de esta semana.

¿Qué puedes hacer cuando seas mayor?

Compartan por qué la misa es tan importante para los católicos.

¡JESÚS NOS INVITA A CELEBRAR!

VIVIENDO LA FE

Jesús nos invita a celebrar la misa como una comunidad parroquial.

En grupo hagan un cartel o una bandera de la invitación de Jesús y decórenla con fotos o símbolos de lo que hacemos en la misa.

Hagan un plan para asistir a misa esta semana y coloquen las banderas que hicieron en la puerta de la iglesia.

Coming To Faith

How do you feel knowing that Jesus is with us when we celebrate Mass?

Tell what you can do at your age to help your parish get ready for Mass this week.

What can you do when you get older?

Share together why the Mass is so important to Catholics.

JESUS INVITES US TO CELEBRATE

Practicing Faith

Jesus invites us to celebrate together as a parish community at Mass.

Make a group poster or banner of Jesus' invitation and decorate it with pictures or symbols of what we do together at Mass.

Make a plan to attend Mass with your group this week and display your banner invitation at one of the church doors.

REPASO

Completa las oraciones.

1. La misa es nuestra celebración de la comida especial de Jesús y _____

2. Los católicos tienen el deber de participar de la misa el

_____ .

3. Los que ayudan a los sacerdotes durante las misa son _____ .

4. Los que leen durante la misa son llamados _____ .

5. ¿Qué cosa especial te gustaría hacer para ayudar en la misa?

_____

_____

_____

FE VIVA — EN EL HOGAR Y EN LA PARROQUIA

En esta lección los niños aprendieron la importancia de participar en la celebración parroquial de la Eucaristía. Su entusiasmo por participar en la misa cada semana puede entusiasmar a su niño también. Mantenga el sabbat santo participando en la celebración de la misa como aspecto central de nuestra identidad católica y una de las leyes de la Iglesia. Es su responsabilidad ayudar a su niño a desarrollar ese hábito.

Celebración dominical

Planifique una celebración familiar un domingo. Después de asistir a misa juntos compartan una comida familiar. Durante ella hablen de Jesús, del gozo de saber que él está con nosotros en nuestra casa y muy especialmente cuando celebramos la misa.

Resumen de la fe

- La misa es un sacrificio y una comida.

- La misa es nuestra mayor oración de alabanza y acción de gracias a Dios.

- Los católicos deben participar en la misa todos los domingos o los sábados en la tarde.

REVIEW ■ TEST

Complete the sentences.

1. The Mass is our celebration of Jesus' special meal and _____.

2. Catholics have a serious responsibility to take part in the Mass on

_____ .

3. Those who help the priest during Mass are called altar _____.

4. Those who read to us at Mass are called _____.

5. What special thing would you like to do to take part in the Mass?

_____

_____

_____

FAITH ALIVE AT HOME AND IN THE PARISH

In this lesson your child learned the importance of taking part in the parish celebration of the Eucharist. Your own enthusiasm for taking part in the Mass each week can help your child to be enthusiastic as well. Keeping the Sabbath holy by taking part in the celebration of Mass is a central aspect of our Catholic identity and one of the laws of the Church. It is your responsibility to help your child develop this lifelong habit.

Sunday Celebration

Plan a Sunday celebration with your family. You may want to worship together at Mass and then share a family meal, outing, or at–home activity.

At an appropriate time, talk about the joy in knowing that Jesus is with us in our home and with us in a special way when we celebrate Mass with our parish family.

Faith Summary

- The Mass is both a meal and a sacrifice.
- The Mass is our greatest prayer of praise and thanks to God.
- Catholics must take part in the Mass each Sunday or Saturday evening.

Jesús, Cordero
de Dios, danos
la paz.

NUESTRA VIDA

Livia y su hermano salieron a tomar aire fresco. "Apura Marcos", dijo Livia. "La comunidad está llegando para la celebración de la Eucaristía en nuestra casa y el apóstol estará aquí".

Ellos corrieron a la habitación donde su madre preparaba la mesa con el pan y el vino. Los amigos cristianos empezaron a llegar— muchos traían comida y dinero para compartir con los necesitados.

Todos se daban la bienvenida unos a otros con gestos de paz y amor. Cantaban salmos y escuchaban cuidadosamente lo que el apóstol hablaba de Jesús—lo que había hecho y dicho y como él quería que sus discípulos vivieran. Luego el apóstol bendijo y partió el pan. El también bendijo el vino, al igual que Jesús. Todo el mundo recibió el Cuerpo y la Sangre de Cristo con gran alegría. Livia disfrutaba el participar en su reunión cristiana.

¿Qué es lo que más te gusta de esta celebración cristiana de la Eucaristía?

¿Qué es lo que más te gusta de la celebración en tu parroquia?

COMPARTIENDO LA VIDA

¿Qué es igual en la celebración de la Eucaristía en el pasado y ahora?

¿Qué es diferente?

12   Our Parish Celebrates the Mass

Jesus, Lamb of God, grant us peace.

OUR LIFE

Livia and her brother were out of breath. "Hurry, Marcus," Livia gasped. "The community is coming to our house for the Eucharist. And the apostle will be here!"

They hurried into the room where their mother had prepared a table with bread and wine. Soon their Christian friends began arriving—many bringing food and money to share with those in need.

Everyone greeted one another warmly with signs of peace and love. They sang psalms and listened carefully as the apostle spoke about Jesus—what He had said and done, and how He wanted His followers to live. Then the apostle blessed and broke the bread. He blessed the wine, too, as Jesus had done. And everyone received the Body and Blood of Christ with great joy. Livia loved being a part of her Christian gathering.

What do you like best about this early Christian celebration of the Eucharist?

What do you like best about today's celebration in your parish?

SHARING LIFE

What is the same now as it was then?

What is different?

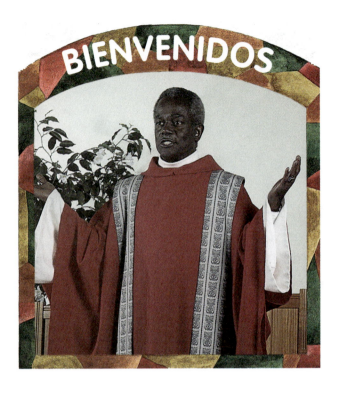

BIENVENIDOS

Ritos de Introducción

Al inicio de la misa nos reunimos y nos preparamos para alabar. El sacerdote da la bienvenida a la asamblea y dirige el culto. Juntos hacemos la señal de la cruz y empezamos nuestra celebración.

Luego recordamos que necesitamos la misericordia de Dios. Decimos a Dios que estamos arrepentidos de nuestros pecados y le pedimos perdón.

Juntos hacemos la oración de alabanza que empieza así: "Gloria a Dios en el cielo".

Gloria

Liturgia de la Palabra

Empezamos la parte de la misa llamada Liturgia de la Palabra. Escuchamos dos lecturas de la Escritura. Luego el sacerdote o el diácono lee el evangelio. Nos ponemos de pie para mostrar nuestro respeto por la buena nueva de Jesús.

El sacerdote o el diácono ofrece una homilía para ayudarnos a aplicar las lecturas leídas a nuestras vidas.

Después de la homilía nos ponemos de pie y decimos el credo, un resumen de nuestra fe católica. Luego pedimos a Dios nos bendiga y bendiga a todo el mundo. Esto es llamado la oración de los fieles.

NUESTRA FE CATOLICA

Our Catholic Faith

Introductory Rites

As Mass begins, we gather and prepare to become a worshiping community. The priest welcomes the assembled people of our parish and leads us in our worship. Together we make the sign of the cross and begin our celebration.

Then we remember that we need God's mercy. We tell God we are sorry for our sins and ask Him to forgive us.

Together we say the prayer of praise that begins "Glory to God in the highest."

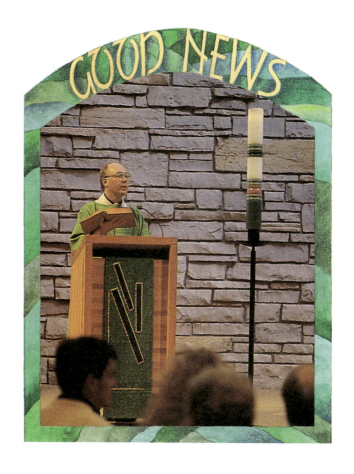

Liturgy of the Word

Now we begin the part of the Mass called the Liturgy of the Word. We hear two readings from Scripture. Then the priest or deacon reads the gospel. We stand to show our respect for the good news of Jesus.

Then the priest or deacon gives a homily to help us apply the Scripture readings to our lives.

After the homily we stand to say the creed, a summary of our Catholic faith from the early Church. Then we pray together for God's blessings on ourselves and on all people. This is called the prayer of the faithful.

Amén significa "sí, creo".

Liturgia de la Eucaristía

Ahora empezamos la parte de la misa llamada Liturgia de la Eucaristía. Presentamos nuestros regalos de pan y vino y los llevamos al altar. El sacerdote pide a Dios aceptar y bendecir nuestras ofrendas. Con nuestras ofrendas, ofrecemos a Dios nuestras vidas, le alabamos y le damos gracias con la oración que empieza así: "Santo, santo, santo es el Señor".

Ahora empezamos la oración eucarística. Durante esta el sacerdote, actuando en nombre de Cristo, toma el pan y dice:

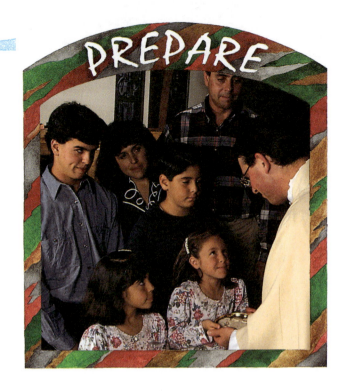

"Tomad y comed todos de él, porque esto es mi cuerpo que será entregado por vosotros". Luego toma la copa de vino y dice: "Tomad y bebed todos de él, este es el cáliz de mi sangre. Haced esto en conmemoración mía". Por el poder del Espíritu Santo, el pan y el vino se convierten en el Cuerpo y la Sangre de Cristo.

Empezamos la comunión de la misa rezando o cantando el Padre Nuestro. El sacerdote dice que Jesucristo nos dará el don de su paz. Nos saludamos unos a otros con la señal de la paz de Cristo. Luego el sacerdote toma la Hostia y la parte mientras cantamos el Cordero de Dios.

Si estamos preparados podemos recibir el Cuerpo y la Sangre en la sagrada comunión. Escuchamos estas palabra:

"El cuerpo de Cristo".
Contestamos: "Amén".

En la misa, el sacerdote nos bendice. Debemos ir a amar y a servir al Señor y a los demás.

Liturgy of the Eucharist

We now begin the part of the Mass called the Liturgy of the Eucharist. We present our gifts of bread and wine and bring them to the altar. The priest asks God to accept and bless our gifts. With our gifts, we offer our whole lives to God. Then we praise and thank God with the prayer that begins "Holy, holy, holy Lord."

Now begins the eucharistic prayer. During it, the priest acting in the name of Christ, takes the bread and says, "Take this, all of you, and eat it: this is my body which will be given up for you." Then he takes the cup of wine and says, "Take this, all of you, and drink from it: this is the cup of my blood. Do this in memory of me." By the power of the Holy Spirit, the bread and wine become the Body and Blood of Christ.

Amen means "Yes, I believe."

We begin the communion of the Mass by praying or singing together the Our Father. The priest prays that Jesus Christ will give us the gift of His peace. We greet one another with a sign of Christ's peace. Then the priest takes the Host and breaks it while we say or sing the Lamb of God prayer.

If we are ready, we may receive Jesus' Body and Blood in Holy Communion. We hear the words, "The body of Christ." We answer, "Amen."

At the end of Mass, the priest blesses us. We are to go out to love and serve the Lord and other people.

117

Acercandote a la Fe

Las dos partes principales de la misa son:

Liturgia de la _____ y

Liturgia de la _____ .

Haz una lista de formas en que un estudiante de tercer grado puede ir en paz a amar y a servir al Señor.

_____

_____

_____

_____

_____

Viviendo la Fe

Escribe tus ideas, luego compártelas con los demás.

¿Qué harás esta semana para participar en la misa?

_____

_____

¿Quién te puede ayudar?

_____

_____

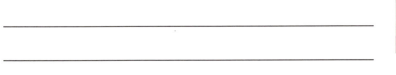

¿Cómo llevarás la paz de Jesús a alguien esta semana?

_____

_____

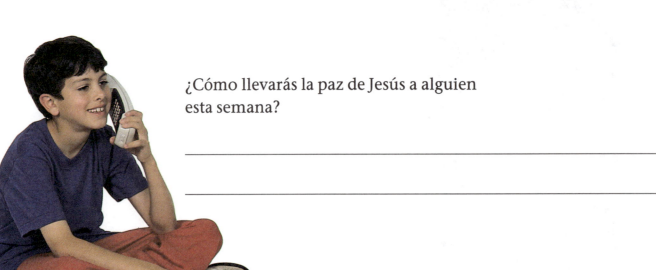

Coming To Faith

The two main parts of the Mass are the

Liturgy of the _____ and the

Liturgy of the _____.

Make a list of ways third graders can
"go in peace to love and serve the Lord."

Practicing Faith

Write your ideas, then share them with
one another.

What will you do this week to take part
better in the Mass?

_____

_____

Who can help you?

_____

_____

How will you bring the peace of Jesus to
someone this week?

_____

_____

REPASO

Encierra en un círculo la letra al lado de la respuesta correcta.

1. Una oración de alabanza que decimos en la misa es

    a. "Santo, santo, santo es el Señor".

    b. "Gloria a Dios en el cielo".

    c. El Credo.

2. Pedimos por las necesidades de todo el mundo en

    a. el Padre Nuestro.

    b. las lecturas de la Escritura.

    c. la oración de los fieles.

3. El pan y el vino se convierten en el Cuerpo y la Sangre de Cristo durante la

    a. oración eucarística.

    b. los Ritos de Introducción.

    c. Liturgia de la Palabra.

4. Cuando recibimos a Jesús en la sagrada comunión, decimos:

    a. "Gloria a Dios".

    b. "Cordero de Dios".

    c. "Amén".

5. ¿Cómo puedes ayudar a otros a ver que Jesús está con nosotros en la misa?

FE VIVA

EN EL HOGAR Y EN LA PARROQUIA

En esta lección se enseñó a los niños algo sobre las dos partes principales de la misa: La Liturgia de la Palabra y la Liturgia de la Eucaristía. Pida a su niño decirle lo que sabe de cada una de las partes de la misa.

†Oración de gracias

Pida a la familia compartir sus sentimientos sobre el regalo de Jesús en la sagrada comunión. Prepare una oración en familia para dar gracias a Jesús en la misa este fin de semana.

Resumen de la fe

- Escuchamos las lecturas de la Escritura en la Liturgia de la Palabra.

- En la Liturgia de la Eucaristía las ofrendas de pan y vino se convierten en el Cuerpo y Sangre de Cristo.

- Vivimos la misa al amar y servir a Dios y a los demás.

REVIEW ▪ TEST

Circle the letter beside the correct answer.

1. A prayer of praise we say at the beginning of Mass is

    a. "Holy, holy, holy Lord."

    b. "Glory to God in the highest."

    c. the Creed.

2. We pray for the needs of all people in

    a. the Our Father.

    b. the Scripture readings.

    c. the prayer of the faithful.

3. The bread and wine become the Body and Blood of Christ during the

    a. eucharistic prayer.

    b. Introductory Rites.

    c. Liturgy of the Word.

4. When we receive Jesus in Holy Communion, we say

    a. "Glory to God."

    b. "Lamb of God."

    c. "Amen."

5. How can you help others know that Jesus is with us at Mass?

_____

FAITH ALIVE AT HOME AND IN THE PARISH

In this lesson your child learned more about the two major parts of the Mass: the Liturgy of the Word and the Liturgy of the Eucharist. Ask your child to tell you what he or she knows about each part of the Mass.

† Thank You Prayer

Ask your family to share their feelings about the gift of Jesus in Holy Communion. Then compose a family prayer to thank Jesus for being really present in Holy Communion. Pray your family prayer after Mass this weekend.

Faith Summary

- We listen to the Scripture readings in the Liturgy of the Word.

- In the Liturgy of the Eucharist, the gifts of bread and wine become the Body and Blood of Christ.

- We live the Mass by loving and serving God and other people.

Ven,
ven, Jesús.

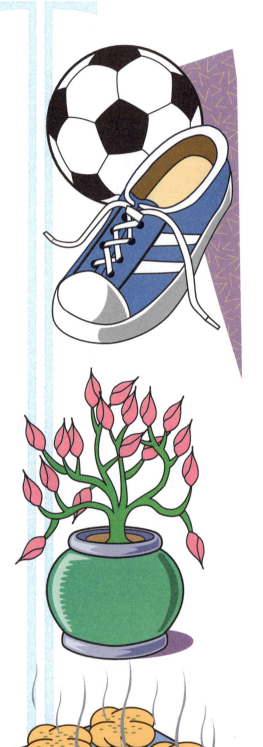

NUESTRA VIDA

He aquí un poema acerca de la espera.
Termínalo con tus propias palabras.

Para que _____ la fiesta,

y mi _____ logre la meta,

y el _____ pueda estar,

es difícil esperar.

Para que mi _____ llegue,

y la _____ no se quede,

para con _____ tomar,

es difícil esperar.

Comparte el final de tu poesía.

¿Qué estás esperando?

COMPARTIENDO LA VIDA

¿Qué crees que nuestra Iglesia espera?

13   Advent

O come,
O come,
Emmanuel!

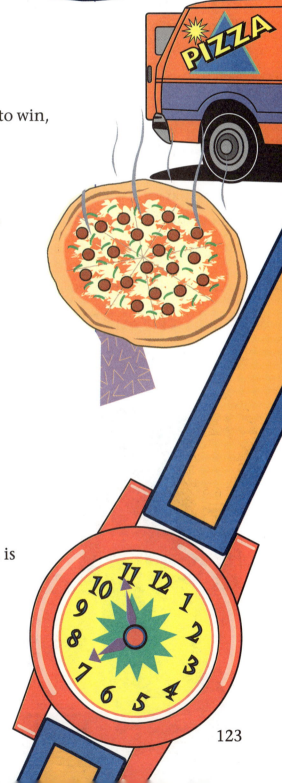

Our Life

Here is a poem about waiting.
Finish it with your own words.

For _____ to begin,

For my favorite _____ to win,

For the _____ to bake,

It's very, very hard to wait.

For my _____ to come,

For _____ to be done,

I hope _____ isn't late.

It's very, very hard to wait!

Share your finished poem.

What are you waiting or hoping for?

Sharing Life

What do you think our Church is
waiting and hoping for?

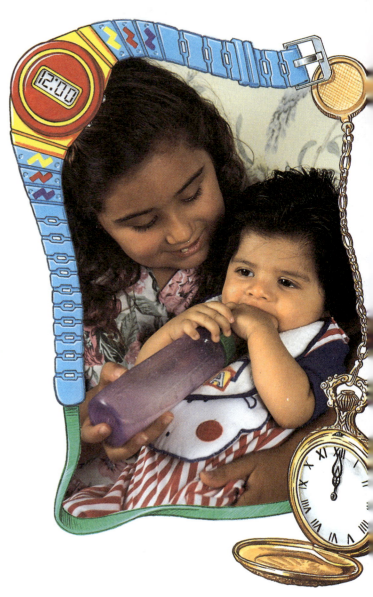

Nos preparamos para recibir a Jesús

Cada año la Iglesia celebra un tiempo de espera especial en el año litúrgico. Llamamos a este tiempo, tiempo de Adviento.

El Adviento nos recuerda los muchos años que el pueblo de Dios esperó por la promesa de un Salvador. Durante estos largos años de espera Dios habló al pueblo por medio de los profetas. Los profetas dijeron al pueblo que tenían que prepararse para el Salvador que vendría. El pueblo debía:

- rezar y alabar a Dios

- preocuparse de los pobres

- trabajar por la paz

- ser justo con todo el mundo.

Como católicos creemos que Jesús vino a ser nuestro Salvador. Cada año nos preparamos para celebrar su nacimiento y para su venida gloriosa al final de los tiempos. Hacemos esto durante las cuatro semanas de Adviento.

Durante el Adviento el sacerdote usa vestimentas de color morado durante la misa para recordarnos que estamos esperando. El tercer domingo de Adviento puede usar rosado. Esto es un signo del gozo que sentimos porque la Navidad está cerca.

Our Catholic Faith

We Prepare to Welcome Jesus

Each year the Church celebrates a special time of waiting in the liturgical year. We call it the season of Advent.

Advent reminds us of the many hundreds of years God's people waited for God's promise of a Savior. During these long years of waiting, God spoke to the people through the prophets. The prophets told them to prepare for the Savior who was to come. The people were to:

• pray and worship God

• care for the poor

• be God's peacemakers

• be just and fair to everyone.

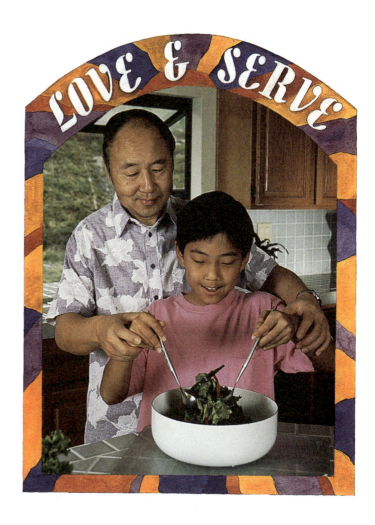

As Catholics we believe that Jesus came to be our Savior. Each year we prepare ourselves to celebrate His birth, and we get ready as we wait for Him to come again in glory at the end of time. We do this during the four weeks of Advent.

During Advent, the priest wears purple vestments at Mass to remind us that we are waiting. On the third Sunday of Advent he sometimes wears rose or pink instead. This is a sign of the joy we feel because Christmas is near.

125

Una forma en que nos preparamos para celebrar la venida de Jesús es haciendo un calendario de Adviento. El calendario puede ser de cuatro páginas grandes, una para cada semana de Adviento.

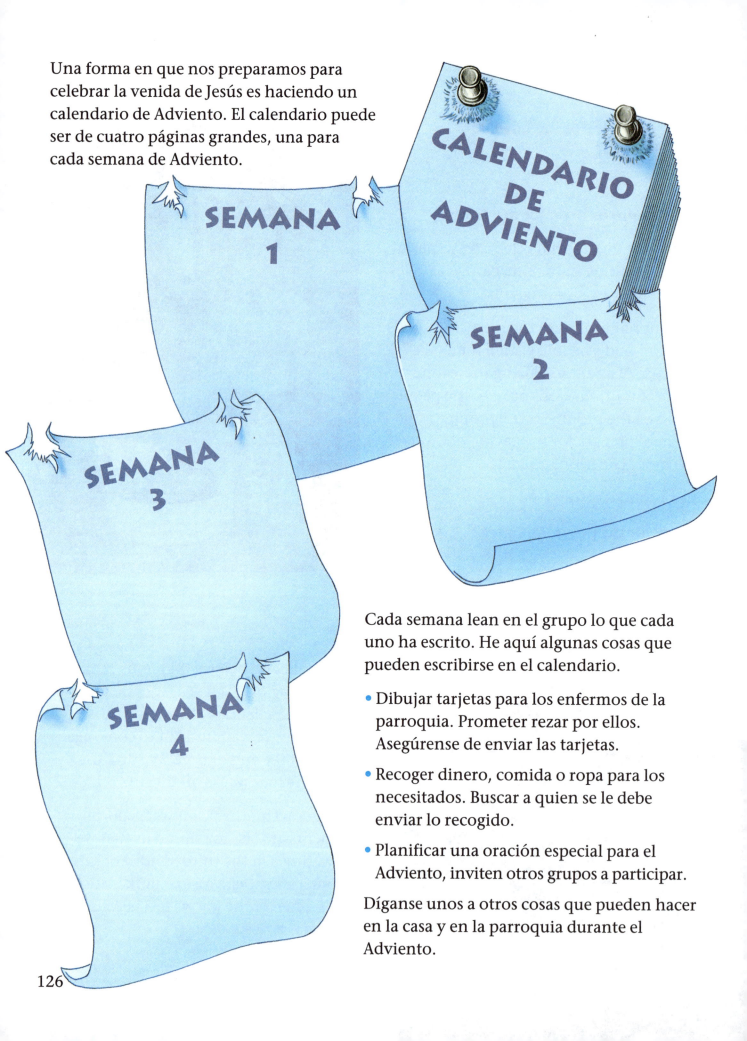

Cada semana lean en el grupo lo que cada uno ha escrito. He aquí algunas cosas que pueden escribirse en el calendario.

• Dibujar tarjetas para los enfermos de la parroquia. Prometer rezar por ellos. Asegúrense de enviar las tarjetas.

• Recoger dinero, comida o ropa para los necesitados. Buscar a quien se le debe enviar lo recogido.

• Planificar una oración especial para el Adviento, inviten otros grupos a participar.

Díganse unos a otros cosas que pueden hacer en la casa y en la parroquia durante el Adviento.

One way we can get ready to celebrate Jesus' coming is by making an Advent Calendar. The calendar should have four large pages, one for each week of Advent.

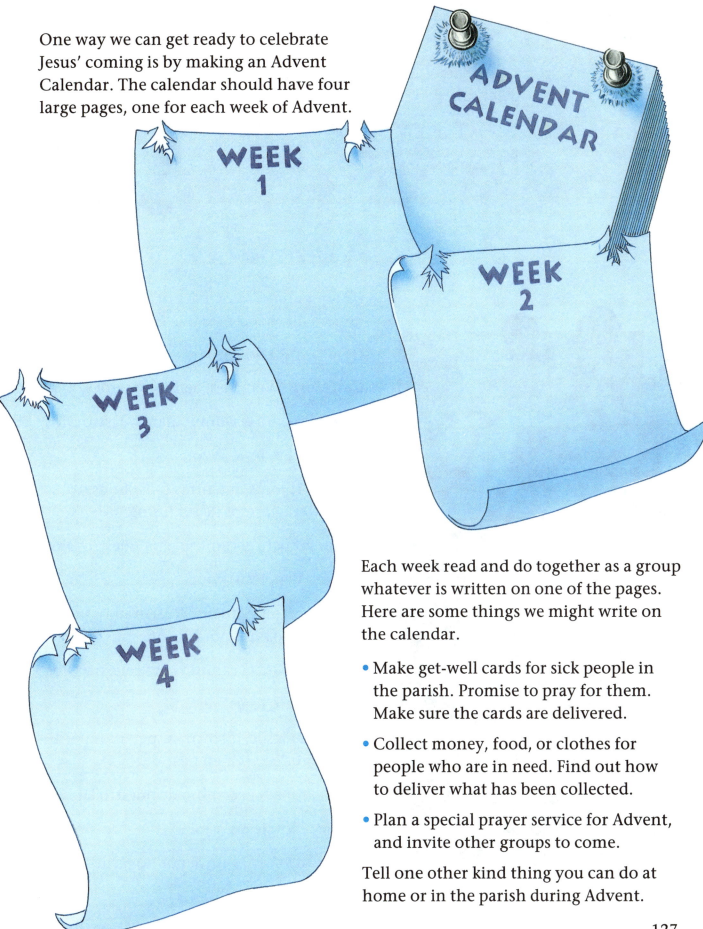

Each week read and do together as a group whatever is written on one of the pages. Here are some things we might write on the calendar.

- Make get-well cards for sick people in the parish. Promise to pray for them. Make sure the cards are delivered.

- Collect money, food, or clothes for people who are in need. Find out how to deliver what has been collected.

- Plan a special prayer service for Advent, and invite other groups to come.

Tell one other kind thing you can do at home or in the parish during Advent.

127

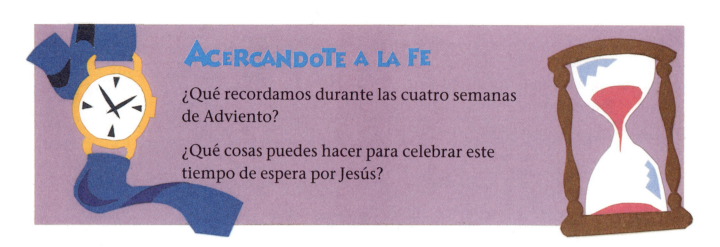

ACERCANDOTE A LA FE

¿Qué recordamos durante las cuatro semanas de Adviento?

¿Qué cosas puedes hacer para celebrar este tiempo de espera por Jesús?

VIVIENDO LA FE

He aquí una oración para decir a Jesús lo mucho que queremos que él venga.

Oración de adviento

Canción: "Ven, ven, Señor no tardes"

Guía: Prepara el camino para nuestro Dios.

Todos: Ven, Jesús, ven.

Grupo 1: Jesús, mientras esperamos tu venida, trataremos de ser justos.

Guía: Prepara el camino para nuestro Dios.

Todos: Ven, Jesús, ven.

Grupo 2: Jesús, mientras esperamos por ti, nos preocupamos por los enfermos.

Guía: Prepara el camino para nuestro Dios.

Todos: Ven, Jesús, ven.

Grupo 3: Jesús, mientras esperamos por ti trataremos de vivir en paz.

Guía: Prepara el camino de nuestro Dios.

Todos: Ven, Jesús, ven.

Canción: "Ven, ven, Señor no tardes".

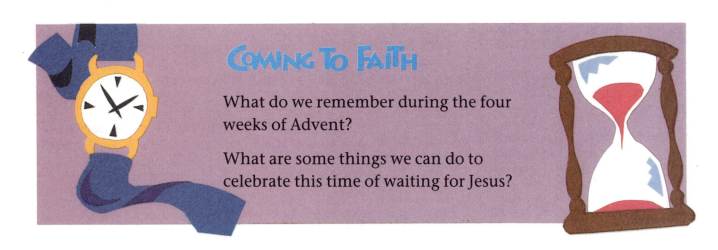

COMING TO FAITH

What do we remember during the four weeks of Advent?

What are some things we can do to celebrate this time of waiting for Jesus?

PRACTICING FAITH

Here is a shared prayer we can say together to tell Jesus how much we want Him to come.

An Advent Prayer

Song: "O Come, O Come, Emmanuel"

Leader: Prepare the way for our God.

All: Come, Jesus, come.

Group 1: Jesus, as we wait for Your coming, we will try to be fair and just.

Leader: Prepare the way for our God.

All: Come, Jesus, come.

Group 2: Jesus, as we wait for Your coming, we will care for the sick and the poor.

Leader: Prepare the way for our God.

All: Come, Jesus, come.

Group 3: Jesus, as we wait for Your coming, we will try to be peacemakers.

Leader: Prepare the way for our God.

All: Come, Jesus, come.

Song: "O Come, O Come, Emmanuel"

REPASO

Encierra en un círculo la letra al lado de la respuesta correcta.

1. El tiempo especial cuando la Iglesia espera para celebrar el nacimiento de Jesús es

    a. Navidad.   **b.** todos los difuntos.   **c.** Adviento.

2. Los profetas prepararon al pueblo para esperar

    a. un Salvador.   **b.** la resurrección.   **c.** la Iglesia.

3. El tiempo de Adviento tiene _____ semanas.

    a. tres   **b.** cuatro   **c.** cinco

4. Durante el Adviento el sacerdote usa vestimentas _____.

    a. blancas   **b.** moradas   **c.** verdes

5. ¿Qué harás por los pobres este Adviento?

_____

_____

FE VIVA

EN EL HOGAR Y EN LA PARROQUIA

En esta lección los niños aprendieron sobre el tiempo de Adviento. Adviento es un tiempo de espera durante el cual nos preparamos para celebrar la venida de Jesús, nuestro Dios y Salvador. Para los cristianos, el Adviento simboliza los largos años que el pueblo esperó el Mesías. Los profetas enseñaron a prepararse rezando, ayudando a los pobres, trabajando por la paz y siendo justos con todos.

Actos de bondad

Anime a su familia a hacer actos de bondad para otros como forma de prepararse para la venida de Jesús. Si desea, cuelgue una media para Jesús. Invite a los familiares a poner un papel u otro símbolo dentro cada vez que hagan una buena obra. En Navidad, ofrézcanla como regalo de la familia a Jesús.

✝ Invitación a alabar a Dios

Rece este salmo con su familia durante el Adviento.

Sí, Dios es bueno.
El amor de Dios es eterno.
La fidelidad de Dios dura toda la vida.
Basado en el salmo 100:5

Resumen de la fe

- Jesús vino a salvarnos.

- Durante el Adviento nos preparamos para celebrar el nacimiento de Jesús y esperamos su segunda gloriosa venida.

REVIEW · TEST

Circle the letter beside the correct answer.

1. The Church's special time of waiting to celebrate Jesus' birth is

    a. Christmas.   **b.** All Souls.   **c.** Advent.

2. In ancient times prophets told the people to prepare for the

    a. Savior.   **b.** resurrection.   **c.** Church.

3. There are _____ weeks in the season of Advent.

    a. three   **b.** four   **c.** five

4. During Advent, the priest wears _____ vestments.

    a. white   **b.** purple   **c.** green

5. What will you do to care for the poor this Advent?

_____

_____

FAITH ALIVE AT HOME AND IN THE PARISH

In this lesson your child learned more about the season of Advent. Advent is a time of waiting during which we prepare to celebrate the coming of Jesus, our God and Savior. For Christians, Advent symbolizes the long years God's people waited for the Messiah. The prophets taught them to prepare by praying, caring for the poor, making peace, and being just to everyone.

Acts of Kindness

Encourage your family to do acts of kindness for others as one way to prepare for the coming of Jesus. If you wish, hang up a Christmas stocking for Jesus. Invite family members to put a paper heart or other symbol inside each time they perform an act of kindness. On Christmas, offer the stocking as your family gift to Jesus.

†Invitation to Praise God

Pray this psalm with your family during Advent.

Yes, God is good.
God's love is eternal.
God's faithfulness lasts forever.
From Psalm 100:5

Faith Summary

- Jesus came to be our Savior.

- During Advent we prepare to celebrate Jesus' birth and wait for Him to come again in glory.

14 Navidad

Oh niño de Belén,
ven a nuestros
corazones.

Nuestra Vida

José y María fueron a Belén a inscribirse para el censo ordenado por César Augusto. Mientras estaban allí nació Jesús. María lo envolvió en pañales y lo acostó en un pesebre, porque no había lugar en la posada.

Un ángel del Señor se apareció a algunos pastores y les dijo: "No tengan miedo. Les traigo buenas noticias. Ha nacido el Salvador".
Basado en Lucas 2:1–11

¿Qué fue lo que más te gustó de esta historia de navidad?

¿Cuál es la "buena nueva" de la Navidad para ti?

Compartiendo la Vida

Di por qué crees que compartimos regalos en Navidad.

Imagina que te mudas a otro país donde no conoces a nadie ni puedes hablar el idioma. ¿Cuál es el mejor regalo que puedes recibir en ese país?

Di por qué Jesús es un regalo especial de Dios para ti.

14　Christmas

OUR LIFE

Joseph and Mary went to Bethlehem to be enrolled in the census ordered by Caesar Augustus. While they were there, Jesus was born. Mary wrapped Him in swaddling clothes and laid Him in a manger, because there was no room for them in the inn.

An angel of the Lord appeared to some shepherds and said, "Do not be afraid. I bring you good news of great joy for all people. The Savior has been born."
From Luke 2:1–11

What do you like best about this Christmas story?

What is the "good news" of Christmas for you?

SHARING LIFE

Tell why you think we share gifts at Christmas.

Imagine that you have moved to a new country. You don't know anyone and you can't speak the language. What would be the best gift you could receive there?

Tell how Jesus is God's special gift to you.

Celebramos el nacimiento de Jesús

El mayor regalo de Dios a nosotros es Jesús, su Hijo. En Navidad celebramos el nacimiento de Jesús en un establo en Belén.

Hace mucho tiempo, San Francisco de Asís quería ayudar a la gente a entender mejor la historia del nacimiento de Jesús. El tuvo una maravillosa idea.

Reunió a la gente del pueblo. Dos de ellos representaron a María y a José. Un bebé fue puesto en el pesebre, trajo cajas donde comían los animales y un burro y un buey de verdad.

A media noche, el día de Navidad, Francisco invitó a todo el pueblo a venir al establo. Su sorpresa fue grande. Ellos rezaron y cantaron canciones alrededor de la representación del primer nacimiento "vivo". Esto gustó tanto a la gente que la costumbre llegó a todo el mundo.

En tiempo de Navidad, puedes ver el nacimiento en tu iglesia. Las personas son reemplazadas por estatuas. En algunas parroquias la estatua del niño Jesús es paseada por la iglesia antes de la misa de media noche y colocada en el pesebre mientras se cantan villancicos.

El nacimiento y los villancicos son dos de las costumbres más apreciadas en la gran fiesta de Navidad.

We Celebrate Jesus' Birth

God's greatest gift to us is God's own Son, Jesus Christ. At Christmas we celebrate Jesus' birth in a stable in Bethlehem.

A long time ago, Saint Francis of Assisi wanted to help people understand better the story of Jesus' birth. He had a wonderful idea!

He gathered the townspeople together. Two of them pretended to be Mary and Joseph. A little baby boy was placed in the manger, the box from which animals ate. Real oxen and a donkey were brought in.

Then at midnight on Christmas Eve, Francis invited all the people to come to the stable. How surprised and full of wonder they were. They prayed and sang songs around this first "live" Christmas crib. People liked it so much that the custom spread all over the world.

At Christmas time, you will see a Christmas crib somewhere in your church. It will have statues instead of real people. In some parishes a statue of the infant Jesus is carried into church before the first Christmas Mass and placed in the manger as everyone sings a Christmas carol.

The Christmas crib and Christmas carols have become two of the most loved customs of this great feast of Christmas.

135

Acercandote a la Fe

Trabajen en un pequeño grupo de amigos.

Practiquen contar la historia de San Francisco, quien hizo el primer nacimiento. Luego traten de contarla a la familia.

Canten su villancico favorito.

Viviendo la Fe

Una celebración de Navidad

Todos canten: "Pastores a Belén"

Primera Escena: Pastores en la montaña

Lector 1: Algunos pastores estaban esa noche cuidando sus ovejas. Un ángel se les apareció en gran gloria, ellos se atemorizaron. El ángel les dijo: "No tengan miedo. Les traigo buenas noticias. Hoy les ha nacido un Salvador". De repente un coro de ángeles apareció cantando.

Todos canten: Gloria a Dios en el cielo y paz en la tierra a todos los que Dios ama.

Segunda escena: Los pastores van al establo.

Lector 2: Los pastores se dijeron unos a otros: "Vamos a Belén a ver al niño". Ellos corrieron y vieron a María, a José y al niño Jesús acostado en el pesebre.

Tercera escena: Los pastores parados o arrodillados frente al pesebre. María y José les muestran a Jesús.

Todos canten: "Noche de Paz".

Coming To Faith

Work together with a small group of friends.

Practice telling the story of Saint Francis, who made the first Christmas crib. Then tell it to your families.

Sing your favorite Christmas carol together.

Practicing Faith

A Christmas Celebration

All sing: "O Come, All Ye Faithful"

Scene 1: Shepherds on the hillside.

Reader 1: Some shepherds were spending the night in the fields with their sheep. An angel appeared to them in great glory, and they were frightened. The angel said: "Don't be afraid. I bring you good news. Today a Savior has been born for you." Suddenly, a whole chorus of angels appeared and sang.

All sing: Glory to God in the highest, and peace on earth to those with whom God is pleased.

Scene 2: The shepherds come to the stable.

Reader 2: The shepherds said to one another, "Let's go over to Bethlehem and find the child." So they hurried off and found Mary and Joseph and saw the baby Jesus lying in a manger.

Scene 3: The shepherds stand or kneel before the manger. Mary and Joseph show them Jesus.

All sing: "Silent Night"   137

REPASO

Completa cada oración.

1. La costumbre de los nacimientos fue empezada por San _____.

2. "_____" es un villancico que cantamos en navidad.

3. ¿Es el mayor regalo de Dios a nosotros? _____

4. Jesús nació en un _____.

5. ¿Cómo mostrarás tu agradecimiento por el regalo de Jesús?

_____

_____

_____

EN EL HOGAR Y EN LA PARROQUIA

En esta lección los niños aprendieron el verdadero significado de la Navidad. La liturgia de Navidad celebra la promesa de Dios cumplida. Los evangelios recuerdan la historia del nacimiento de Jesús, un villancico repite el mensaje del amor de Dios por nosotros, durante la Navidad.

Regalos de amor

Hable con la familia acerca del verdadero espíritu de la Navidad. Recalque que lo que hace que un regalo de Navidad sea especial no es el tamaño o el costo sino el amor con que se hace el regalo. Invite a los familiares a darse regalos de amor unos a otros esta Navidad. Ponga el nombre de todos los miembros de la familia en una caja. Pida a cada uno tomar un nombre y hacer un regalo de amor para esa persona. Ideas: una carta o un poema expresando los sentimientos hacia esa persona; llevar el desayuno a la cama a la mamá o al papá; hacer un álbum de fotos de la familia.

Villancicos

Si es posible planifique cantar villancicos alrededor del árbol de navidad, con todos los miembros de la familia. Si quiere puede hacer copia de la letra y ponerla en un folleto. También puede formar un grupo de vecinos para cantar villancicos el día de Nochebuena.

Resumen de la fe

- El mayor regalo de Dios a nosotros es su hijo, Jesucristo.

- En Navidad celebramos el nacimiento de Jesús.

REVIEW · TEST

Complete each sentence.

1. The custom of the Christmas crib was begun by Saint _____.

2. A carol we sing at Christmas is "_____."

3. God's greatest gift to us is _____.

4. Jesus was born in a _____.

5. How will you show you are grateful for the gift of Jesus?

_____

_____

_____

FAITH ALIVE AT HOME AND IN THE PARISH

In this lesson your child learned about the true meaning of Christmas. The Christmas liturgies celebrate God's promise kept and human expectation fulfilled. The gospels recall the story of Jesus' birth, and familiar Christmas carols repeat the message of God's love for us during the Christmas season.

Gifts of Love

Talk with your family about the true spirit of Christmas. Emphasize that what makes Christmas gifts special is not their size or cost; rather it is the love with which the gifts are given. Invite your family to give gifts of love to one another at Christmas. Place the names of all family members in a bag or box. Have each person draw a name and make a gift of love for that person. Ideas: a letter or poem expressing feelings about the person; breakfast in bed for Mom or Dad; a homemade album of photos or drawings about the family.

Christmas Carols

If possible, plan an old-fashioned sing-along around the Christmas tree, with all family members selecting the carols. If you wish, make copies of the lyrics and bind them in booklets with festive handmade covers. Consider contacting friends about forming a group to carol on Christmas Eve.

Faith Summary

- God's greatest gift to us is God's own son, Jesus Christ.

- At Christmas we celebrate the birth of Jesus.

15   La Iglesia y la Biblia

Dios, tu palabra es una luz para nuestras vidas.

Nuestra Vida

Hace mucho tiempo, cuando no se conocía la escritura, la gente se pasaba los conocimientos por medio de historias.

Ellos se sentaban durante la noche alrededor del fuego a escuchar las interesantes historias acerca del inicio del mundo, los animales y la gente. La gente recordaba las historias y las repetía una y otra vez, a través de los años.

¿Cuáles historias has leído repetidamente? Cuéntanos acerca de ellas.

¿Tiene tu familia historias especiales? ¿Por qué estas historias son especiales?

Compartiendo la Vida

¿Cuáles historias te gustan más? ¿Cómo sería tu vida sin buenas historias?

¿Cuáles son tus historias favoritas acerca de Dios y de la Iglesia?

15 Our Church and the Bible

God, Your word
is a light for
our lives!

OUR LIFE

A long, long time ago before there was such a thing as writing, people passed on what they knew and had been taught through stories and spoken accounts.

They would sit around the campfire at night while the storyteller told exciting stories about the beginning of the world, animals, and people. People remembered the stories and told them again and again down through the years.

Which stories have you read over and over again? Tell about them.

Does your family have special stories? Why are these stories so special?

SHARING LIFE

What stories do you like best?

What would life be like without good stories?

What are your favorite stories about God and about our Church?

La Biblia, la palabra de Dios

La Iglesia tiene una historia maravillosa para contar. Es lo que Dios ha revelado de sí mismo. Es la historia del amor de Dios por nosotros y cómo somos llamados a vivir como su pueblo. El gran libro de la historia de Dios es la Biblia.

La historia bíblica empezó hace miles de años cuando Dios llama a Abraham y a Sara. Ellos debían dejar su país por una nueva tierra que luego sería llamada Israel. Sus descendientes, quienes se asentaron ahí, fueron llamados israelitas.

Dios eligió a los israelitas entre todas las naciones de la tierra para ser su pueblo. Dios prometió cuidarlos y bendecirlos siempre. Los israelitas prometieron a Dios vivir como su pueblo.

El pueblo judío desciende de esta familia israelita. Compartimos con ellos nuestra fe en un solo Dios verdadero.

Por cientos de años los israelitas, inspirados por el Espíritu Santo, escribieron las historias de lo que Dios estaba haciendo con ellos. Encontramos estas historias en la primera parte de la Biblia llamada el Antiguo Testamento.

Cuando la Iglesia empezó, los discípulos de Jesús se reunían para compartir la Eucaristía y se ayudaban unos a otros. Ellos compartían las historias acerca de Jesús y lo que significaban en la vida de sus discípulos. Con la ayuda del Espíritu Santo, sus historias fueron escritas y pasadas a nosotros en el Nuevo Testamento, la segunda parte de la Biblia.

The Bible, the Word of God

Our Church has a wonderful story to tell. It is what God has revealed to us about Himself. It is the story of God's love for us and how we are called to live as His people. The great book of God's story is the Bible.

The Bible story began thousands of years ago when God called Abraham and Sarah. They were to leave their own country for a new land that later would be called Israel. Their descendants who settled there were called Israelites.

God chose the Israelites from all the other nations on earth to be His own people. God promised to watch over and bless them forever. The Israelites promised to live as God's own people.

The Jewish people today come from this Israelite family. We share with them our faith in the one true God.

For hundreds of years the Israelites inspired by the Holy Spirit, wrote down stories of what God was doing for them. We find these stories in the first part of the Bible called the Old Testament.

When the Church began, the disciples of Jesus met to share the Eucharist and help one another. They shared stories about Jesus and what it meant to live as His disciples. With the help of the Holy Spirit, their stories were written down and passed on to us in the New Testament, the second part of the Bible.

143

Evangelio es la palabra que significa buena nueva.

En el Nuevo Testamento encontramos los evangelios de Mateo, Marcos, Lucas y Juan. En los evangelios leemos lo que Jesús dijo acerca del amor de Dios por nosotros y lo que él hizo para demostrarnos su amor.

También encontramos muchas parábolas y milagros. Parábolas son historias contadas por Jesús para enseñarnos cómo vivir como sus discípulos. Los milagros son cosas especiales que Jesús hizo, como por ejemplo, sanar enfermos. Jesús pudo hacer milagros porque él era el Hijo de Dios.

La buena nueva de Jesús se esparció rápidamente. En la parte del Nuevo Testamento llamada Hechos de los Apóstoles, leemos historias acerca de la Iglesia en sus inicios y como fue creciendo. El Nuevo Testamento también contiene cartas de Pablo a otros discípulos. Las cartas explican la buena nueva de Jesús y cómo vivir como sus discípulos.

Los católicos muestran respeto y amor por el Antiguo y el Nuevo Testamento de la Biblia. Cuando leemos o escuchamos con cuidado la Biblia, sabemos que Dios está hablándonos y diciendo como vivir nuestra vida.

FAITH WORD

Gospel is a word that means good news.

In the New Testament we find the gospels of Matthew, Mark, Luke, and John. In the gospels we read what Jesus said about God's love for us and what He did to show us this love.

We also find many parables and miracle stories. Parables are stories that Jesus told to teach us how to live as His disciples. Miracles are special things that Jesus did, like healing sick people. Jesus could work miracles because He was the Son of God.

The good news of Jesus spread quickly. In the part of the New Testament called the Acts of the Apostles, we read stories about the early Church and how it grew. The New Testament also has letters of Saint Paul and other early disciples. The letters explained the good news of Jesus and how to live as His disciples.

Catholics show respect and love for both the Old and New Testaments of the Bible. When we read or listen carefully to the Bible, we know that God is speaking to us to show us how to live our lives today.

ACERCÁNDOTE A LA FE

Juntos decidan cual es la mejor forma de escuchar la Biblia, tanto en la iglesia como en la casa con la familia.

Hablen de sus historias favoritas de Jesús en el Nuevo Testamento. Dramaticen una juntos.

VIVIENDO LA FE

Piensa en tu historia favorita de Jesús. Imagina a Jesús contigo. ¿Qué crees te está pidiendo hacer? ¿Lo harás?

En grupo, reúnanse alrededor de la Biblia. Miren la historia que juntos dramatizaron. Elijan a un niño para que sostenga la Biblia mientras el grupo reza la siguiente oración.

✝ Querido Dios, gracias por ayudarnos a saber más sobre Jesús. Abre nuestros corazones a tu palabra cada día. Habla y escucharemos tu voluntad.

Coming To Faith

Decide together what the best way is to listen to the Bible, both in church and at home with your family.

Talk together about your favorite stories of Jesus from the New Testament. Act out one of them together.

Practicing Faith

Think quietly about your favorite story of Jesus. Imagine He is with you. What do you think He is asking you to do? Will you do it?

As a group, gather around the Bible. Open to the story you acted out together. Choose one person to hold the Bible up while the group prays the following prayer.

✝ Dear God,
Thank You for helping us know more about Jesus. Open our hearts to Your word each day. Speak, and we will listen to hear Your will for us.

REPASO

Encierra en el círculo la respuesta correcta.

1. La parte de la Biblia en que leemos sobre el pueblo de Israel es

el Nuevo Testamento. la buena nueva. el Antiguo Testamento.

2. La parte de la Biblia en que leemos directamente sobre Jesús es

el Nuevo Testamento. los Salmos. el Antiguo Testamento.

3. Mateo, Marcos, Lucas y Juan son considerados autores de

el Antiguo Testamento. los evangelios. el Nuevo Testamento.

4. El padre del pueblo de Israel es

Abraham. Isaías. Aaron.

5. ¿Cómo puedes hacer que la Biblia sea más importante en tu vida?

_____

_____

FE VIVA

EN EL HOGAR Y EN LA PARROQUIA

En esta lección los niños aprendieron lo importante que es leer y escuchar la Biblia. Cuando se leen historias de la Sagrada Escritura, o sea de la Biblia, podemos escuchar la palabra de Dios para nuestra vida. Dirigidos por la Iglesia, podemos enseñar a los pequeños un verdadero entendimiento católico de la Biblia. Es importante evitar los extremos del fundamentalismo y literalismo. Cuando seguimos la dirección de la Iglesia seguro que hacemos esto.

Para desarrollar un amor duradero por la lectura de la Biblia, su niño necesita el ejemplo de la familia. Los niños necesitan ver a los mayores meditando acerca de las palabras en la Escritura para fortalecerse, obtener paz y encontrar formas de vivir como discípulo de Jesús.

Resumen de la fe

- La primera parte de la Biblia es llamada el Antiguo Testamento.

- La segunda parte de la Biblia es llamada el Nuevo Testamento.

- En los evangelios de Mateo, Marcos, Lucas y Juan leemos lo que Jesús hizo para mostrarnos el amor de Dios.

REVIEW • TEST

Circle the correct answer.

1. The part of the Bible that tells about the Israelite people is the

New Testament.   Good News.   Old Testament.

2. The part of the Bible that tells about Jesus directly is the

New Testament.   Psalms.   Old Testament.

3. Matthew, Mark, Luke, and John are considered authors of the

Old Testament.   Gospels.   New Testament.

4. The father of the Israelite people was

Abraham.   Isaiah.   Aaron.

5. How can you make the Bible more important in your life?

_____

_____

FAITH ALIVE AT HOME AND IN THE PARISH

In this lesson your child learned how important it is to read and listen to the Bible. When stories from the Bible, or Sacred Scripture, are read, we can hear God's word for our lives today. Guided by the Church, we should impart to young people a truly Catholic understanding of the Bible. It is important to avoid the extremes of fundamentalism and literalism. When we follow the Church's guidance, we will certainly do this.

To develop a lifelong love for reading the Bible, your child needs the example of your family. He or she needs to see you quietly meditating on the words of Scripture to gather strength, to regain peace, and to find the ways to live as a disciple of Jesus.

Faith Summary

- The first part of the Bible is called the Old Testament.

- The second part of the Bible is called the New Testament.

- In the gospels of Matthew, Mark, Luke and John, we read what Jesus did to show us God's love.

Jesús, somos tus discípulos. Ayúdanos a hablar a otros de ti.

NUESTRA VIDA

Después de su muerte y resurrección, Jesús se apareció a sus discípulos varias veces. Les pidió encontrarse con él en una montaña de Galilea. Los discípulos estaban contentos. Cuando estuvieron todos reunidos Jesús les dijo:

"Vayan y hagan que todos los pueblos sean mis discípulos. Bautícenlos en el nombre del Padre y del Hijo y del Espíritu Santo". Enseñen todo lo que les he dicho. Y recuerden que yo estoy con ustedes siempre hasta el fin del mundo.
Basado en Mateo 28:16–20

Nombra un discípulo que conozcas.

¿Quiénes te enseñan acerca de Jesús?

COMPARTIENDO LA VIDA

Imagínate estar en la montaña escuchando a Jesús. ¿Qué te dice?

Juntos hablen como pueden ser discípulos de Jesús.

16 Our Church Shares the Good News

Jesus, we are Your disciples. Help us to tell others about You.

Our Life

After His death and resurrection, Jesus appeared many times to His disciples. Then He told them to meet Him on a certain mountain in Galilee. There was great excitement among the disciples. When all were assembled, Jesus said to them:

"Go into the whole world and make disciples of all people. Baptize them in the name of the Father, and of the Son, and of the Holy Spirit. Teach them to carry out everything I have told you. And remember that I am with you always until the end of the world."
From Matthew 28:16–20

Name some of the disciples you know today.

Who are the ones who teach you about Jesus?

Sharing Life

Imagine you are on the mountain listening to Jesus. What do you hear Him saying to you?

Talk together about ways your group can be Jesus' disciples right now.

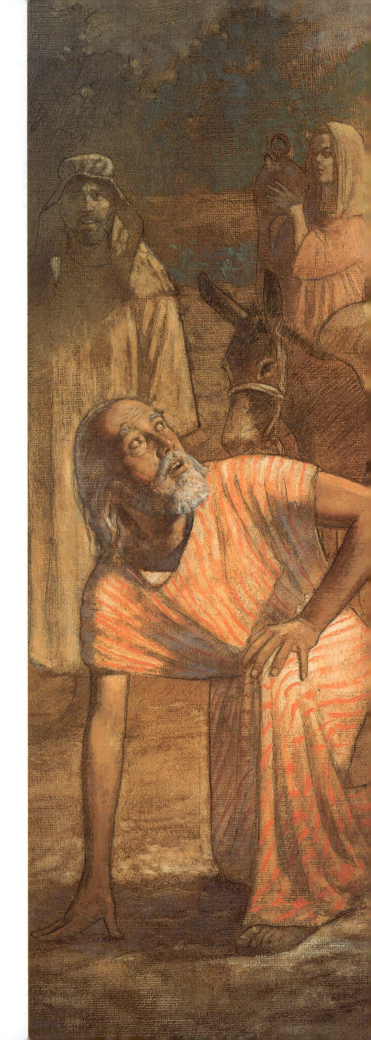

La buena noticia se esparce

Los primeros cristianos no podían mantener la buena noticia de Jesús sólo para ellos. La buena noticia es que Dios nos ama y siempre está con nosotros. La buena noticia es que Jesús es nuestro amigo y nos ayudará siempre a ser sus discípulos y a hacer la voluntad de Dios.

No todo el mundo estaba contento de escuchar la buena noticia de Jesús. La gente sabía que tendría que cambiar su vida para seguir a Jesús. Algunos no querían cambiar. Se enojaron y atacaron a los primeros cristianos.

En esa época había un hombre llamado Saulo, quien atacaba a los discípulos de Jesús. Un día, una gran luz del cielo relampagueó a su alrededor. Escuchó una voz que decía: "Saulo, Saulo, ¿por qué me persigues?"

Cuando Saulo preguntó quien era, la voz le contestó: "Yo soy Jesús, a quien tú persigues".
Basado en los Hechos de los Apóstoles 9:1–5

Después de esto Saulo cambió su vida. Se convirtió al cristianismo y fue llamado Pablo. Pasó el resto de su vida viajando a muchas tierras llevando la buena nueva de Jesús. Pablo fue un gran misionero.

The Good News Spreads

The first Christians just couldn't keep the good news of Jesus to themselves! The good news is that God is with us and loves us always. The good news is that Jesus is our friend and will always help us to follow His way and to do God's will.

Not everyone was happy to hear the good news of Jesus. People knew they would have to change their lives to follow Jesus' way. Some people did not want to change. They got angry and attacked the first Christians.

At this time, there was a man named Saul who at first hated the disciples of Jesus. One day, a great light from the sky flashed around him. He heard a voice saying, "Saul, Saul! Why do you hurt Me?"

When Saul asked who was speaking, the voice answered, "I am Jesus, whom you are hurting."
From Acts of the Apostles 9:1–5

After this, Saul changed his whole life. He became a Christian and was called Paul. He spent the rest of his life traveling to many lands to spread the good news of Jesus. Paul was a great missionary.

153

Un **misionero** es alguien que lleva la buena nueva de Jesucristo a otros.

Los misioneros en nuestra Iglesia hoy continúan de manera especial lo que Pablo y los primeros cristianos hicieron. Ellos aman tanto a Dios que algunas veces dejan sus hogares, familias y amigos para viajar a otras tierras.

Ellos enseñan sobre Jesús y muestran como vivir como sus discípulos. Celebran la misa y los sacramentos con otros. Respetan a la gente de otras tierras y lenguajes. Comparten con ellos como amar a los demás, como ser justos y como vivir en paz.

Algunos misioneros son sacerdotes ordenados o diáconos y algunos son laicos casados o solteros. Algunos misioneros pertenecen a comunidades religiosas. Ellos son llamados religiosos, hermanos y hermanas.

Todos en la Iglesia están llamados a compartir la buena noticia de Jesucristo. Podemos llevar la buena noticia:

- compartiendo nuestra fe católica cuando tengamos la oportunidad

- ayudando a los enfermos, a los pobres y a los que son tratados injustamente

- trabajando por la paz, rezando con otros para que el reino de Dios sea vivido en todas partes del mundo.

FAITH WORD

A **missionary** is someone who carries the good news of Jesus Christ to others.

Missionaries in our Church today continue in a special way what Paul and the first Christians did. They love God so much they sometimes leave their homes, their families, and their friends to travel to faraway lands.

They teach people about Jesus and show them how to live as disciples of Jesus. They celebrate Mass and the sacraments with them. They respect people of other lands and languages. They share with them ways to love one another, to be fair, and to live in peace.

Some missionaries are ordained priests or deacons, and some are married or single lay people. Some missionaries belong to religious communities. They are called religious sisters and brothers.

Everyone in our Church is called to share the good news of Jesus Christ. We can spread the good news by:

- sharing our Catholic faith when we have the chance to do so

- reaching out to help the sick, the poor, or those who are treated unfairly

- being peacemakers, and by praying with others that God's kingdom will be lived everywhere in the world.

ACERCANDOTE A LA FE

Divididos en tres grupos.

Hablen de formas en que pueden ser misioneros de la buena nueva de Jesús en el hogar, en el vecindario y en la parroquia.

Compartimos la buena noticia del amor de Jesús

VIVIENDO LA FE

Juntos hagan una pantalla de televisión.

- Corten un lado de una caja grande.

- Hagan una abertura en los lados correspondientes.

Trabajen juntos para hacer un programa de televisión anunciando la buena noticia de Jesús. Dibujen cuadros en una hoja $8\frac{1}{2}$" x 11". Peguen los cuadros en orden. Escriban un drama de acuerdo a los cuadros. Cuando el programa esté listo, pasen los cuadros por las aberturas a través de la pantalla mientras alguien lee el drama.

Coming To Faith

Divide into three groups.

Talk about ways you can be missionaries of Jesus' good news at home, in your neighborhood, and in your parish.

We share the good news of Jesus' love

Practicing Faith

Make a television set together.

- Cut a square in one side of a large carton.

- Cut a slit in each of the corresponding sides.

Work together to create a TV program telling some of the good news of Jesus. Draw pictures on $8\frac{1}{2}$" x 11" paper. Tape the pictures together in order. Then write a script to go with the pictures. When your program is ready, thread the paper through the slits to go across the "screen" as someone reads the script.

REPASO

Encierra en un círculo **V** si es **verdad** y **F** si es **falso**.
Encierra el signo **?** si no estás seguro.

1. Todo el mundo estaba contento de escuchar la
buena noticia.   **V**   **F**   **?**

2. Pablo fue un gran misionero de la Iglesia.   **V**   **F**   **?**

3. Los misioneros sólo van a tierra extranjera.   **V**   **F**   **?**

4. Los misioneros necesitan nuestra ayuda.   **V**   **F**   **?**

5. Escribe aquí como puedes ayudar a un misionero esta semana.

_____

_____

_____

EN EL HOGAR Y EN LA PARROQUIA

En esta lección los niños aprendieron que todos los católicos pueden ser misioneros y llevar la buena noticia de Jesús a otros en la escuela, la parroquia y en el vecindario.

Los misioneros, tanto en nuestro país como en el extranjero, son gente muy especial en la Iglesia. Porque casi siempre están lejos, algunas veces se sienten olvidados. Explíquele que los misioneros necesitan nuestras oraciones, cartas de ánimo y ayuda.

Hable de las razones por las que no tenemos que ir a otras tierras para llevar la buena noticia a otros. Podemos ser misioneros en nuestros hogares, en nuestras parroquias y en nuestro vecindario.

Pida en su parroquia el nombre y la dirección de un misionero. Decida como su familia puede ayudar a esa persona.

Resumen de la fe

- Los primeros cristianos difundieron la buena nueva de Jesucristo.

- Hoy, misioneros llevan la buena nueva a todo el mundo.

- Todos en nuestra Iglesia están llamados a compartir la buena nueva de Jesús.

REVIEW · TEST

Circle **T** for **True** or **F** for **False**.
Circle **?** if you are not sure.

1. Stephen was killed because he preached the
good news of Jesus.   **T**   **F**   **?**

2. Paul was a great missionary in the Church.   **T**   **F**   **?**

3. Missionaries only go to foreign lands.   **T**   **F**   **?**

4. Missionaries need our help.   **T**   **F**   **?**

5. Write one way you could help a missionary this week.

_____

_____

_____

FAITH ALIVE · AT HOME AND IN THE PARISH

In this lesson your child learned that all Catholics can be missionaries and spread the good news of Jesus to others in their schools, parishes, and neighborhoods.

Missionaries, both here at home and in other lands, are very special people in the Church. Because they often are far away, they can sometimes feel forgotten. Explain that missionaries need our prayers, our letters of encouragement, and our help.

Discuss the fact that we do not have to go to faraway lands to tell others the good news. We can be missionaries in our homes, in our parishes, and in our neighborhoods.

Ask your parish for the name and address of a missionary. Then decide how your family will help this person.

Faith Summary
- The first Christians spread the good news of Jesus Christ.
- Today missionaries bring the good news to people everywhere.
- Everyone in our Church is called to share the good news of Jesus.

17   Nuestra Iglesia es una comunidad

Jesús vivo, ayúdanos a amarnos unos a otros como tú nos amas.

NUESTRA VIDA

El fuego se extendió rápidamente por las secas montañas. La gente que vivía en el valle escasamente tuvo tiempo para salvarse. Clara escuchó la noticia con sus padres. Ella estaba contenta de que el fuego no fue cerca de su casa.

Al día siguiente en la misa, el padre Martín dijo que muchos de nuestros amigos y vecinos están hoy en gran necesidad. El que quiera ayudar puede pasar por el centro parroquial después de la misa.

Clara, sus padres y muchos otros feligreses pasaron a ver lo que podían hacer. Todos podían cooperar en buscar vivienda, comida y ropa para las víctimas del fuego. Clara estaba orgullosa de su comunidad parroquial.

¿Puedes mencionar cosas que los miembros de tu parroquia hacen juntos?
¿Cómo puedes ayudar?

COMPARTIENDO LA VIDA

Trabaja con tus amigos. Hagan una lista de las cosas que un niño de tercer curso puede hacer en su parroquia.

Comparte tus sentimientos de pertenecer a una comunidad parroquial.

17 Our Church as a Community

Loving Jesus,
help us to love
one another as
You love us.

Our Life

The fire raged quickly across the dry hills. People living in the canyon area barely had time to save themselves. Cara watched the television news with her parents. She was happy that the fire had not been near their home.

The next day at Mass, Father Martin said, "Many of our friends and neighbors are in great need today. If you'd like to help, meet me and our parish outreach team in the parish center after Mass."

Cara went with her parents and many other parishioners to see what they could do. Soon all were involved in plans to find housing, food, and clothing for the fire victims. Cara was proud of her parish community.

Can you name ways your parish works together? How do you help?

Sharing Life

Work together with your friends. List all the things third graders can do in your parish.

Share how you feel about belonging to a parish community.

Nuestra Fe Católica

Los que dirigen y sirven

La Iglesia Católica es una comunidad guiada por el Espíritu Santo. La Iglesia se ha diseminado por todo el mundo. En todas partes trabaja para construir el reino de Dios.

Nuestro Santo Padre, el papa, es el Obispo de Roma y la cabeza de toda la Iglesia Católica. El es el representante de Dios en la tierra. El nos enseña sobre nuestra fe, nos ayuda a vivir la buena nueva y nos ayuda a construir el reino de Dios.

Escribe el nombre del papa.

_____

Las parroquias católicas se agrupan en diócesis. Cada diócesis tiene un obispo como cabeza y maestro. Un obispo es sucesor de los apóstoles. El Espíritu Santo ayuda a los obispos a servir al pueblo de su diócesis.

Escribe el nombre de tu obispo.

_____

Cada diócesis tiene muchas parroquias. Cada parroquia es dirigida por un párroco o administrador.

Escribe el nombre de tu párroco.

_____

OUR CATHOLIC FAITH

Those Who Lead and Serve

The Catholic Church is a community guided by the Holy Spirit. The Church has spread all over the world. Everywhere it works to build up the kingdom, or reign, of God.

Our Holy Father, the pope, is the bishop of Rome and the leader of the whole Catholic Church. He is the representative of Christ on earth. He teaches us about our faith, helps us to live the good news, and helps us to build up God's reign.

Name our pope.

_____

Catholic parishes are grouped together into dioceses. Each diocese has a bishop as its leader and teacher. A bishop is a successor of the apostles. The Holy Spirit helps the bishop to serve the people of the diocese and to bring them together.

Name your bishop.

_____

Each diocese has many parishes. Each parish is led by a pastor or an administrator.

Name your pastor.

_____

Vocación es una invitación a servir a Dios de forma especial en la Iglesia.

Vocaciones en la Iglesia

Por nuestro bautismo, cada uno de nosotros es invitado a llevar la misión de Jesús de servir a otros. Una vocación es una invitación a servir a Dios de manera especial en la Iglesia. Hay muchos tipos de vocaciones.

Algunas personas en nuestra Iglesia son llamadas por Dios para ser ministros ordenados. Ellos reciben el sacramento del Orden Sacerdotal. Ellos son los obispos, sacerdotes y los diáconos.

Otros son llamados por Dios para vivir como hermanos y hermanas religiosas. Ellos viven en comunidades religiosas y sirven en diferentes formas.

Algunos laicos han elegido trabajar a tiempo completo para llevar la misión de Jesús. Ellos son llamados ministros pastorales.

Muchas mujeres y hombres son llamados por Dios para la vocación del matrimonio. Ellos comparten su vida y amor con sus hijos. Ellos llevan la buena nueva viviendo vidas santas, como Jesús.

Otros hombres y mujeres son llamados por Dios para vivir como solteros. Ellos viven el reino de Dios cada día tratando de vivir como Jesús vivió. Rezan y trabajan por justicia y paz.

Cada día pide a Dios te ayude a conocer tu vocación. Pide a Dios te ayude a construir su reino en tu casa, tu parroquia y tu mundo.

A **vocation** is an invitation to serve God and the Church in a special way.

Vocations in the Church

By our Baptism, each of us is invited to carry on Jesus' mission and serve others. A vocation is an invitation to serve God and the Church in a special way. There are many kinds of vocations.

Some people in our Church are called by God to be ordained ministers. They receive the sacrament of Holy Orders. They are bishops, priests, and deacons.

Others are called by God to live as religious sisters or brothers. They live in religious communities and serve in many ways.

Sometimes lay people choose to work full time carrying on Jesus' mission. They are called pastoral ministers.

Many women and men are called by God to the vocation of marriage. They share their life and love with each other and with their children. They spread the good news by living holy lives, as Jesus did.

Other men and women are called by God to live as single persons. They spread God's kingdom each day by trying to live as Jesus did. They pray and work for justice and peace.

Each day, ask God's help to know the vocation God has given you. Ask God to help you to build His kingdom at home and in your parish community and in our world.

ACERCANDOTE A LA FE

Tú también tienes un trabajo que hacer en la Iglesia.

Explica lo que puedes hacer y como puedes trabajar por el reino de Dios.

VIVIENDO LA FE

Habla con tus padres, los sacerdotes, hermanos, hermanas y personas solteras que conoces. Mira como ellos trabajan para el reino de Dios en sus vocaciones.

Recen juntos por todo aquel que está tratando de dar una respuesta al llamado de Dios a servir a otros. Algunas personas puede que estén luchando con la decisión de casarse o quedarse solteros. Otros puede que estén tratando de ver si Dios les está llamando a ser hermanas o hermanos religiosos, o ministros ordenados, como sacerdote o diácono. Juntos digan:

† Dios de amor, que tu Espíritu esté con nosotros mientras tratamos de hacer tu voluntad. Rezamos también para que escuchemos al Espíritu Santo. Que vivamos siempre de acuerdo a tu voluntad. Amén.

Coming To Faith

You, too, have a part to play in our Church!

Tell what you can do and how you can work for God's kingdom.

Practicing Faith

Talk to your parents and to priests, brothers, sisters, and single people you know. Find out how they work for God's kingdom in their vocations.

Pray together for all people who are trying to answer God's call to serve others. Some may be struggling with a decision to marry or stay single. Others may be trying to find out whether God is calling them to the religious life as a sister or brother, or to the ordained ministry of deacon or priest. Say together:

† Loving God, may Your Spirit be with all who try to do Your will. We pray, too, that we will listen to the Holy Spirit. May we always live to do Your will. Amen.

167

REPASO

Completa las siguientes preguntas.

1. El Obispo de Roma y la cabeza de toda la Iglesia Católica es el

_____.

2. La persona que dirige y sirve en la parroquia,
algunas veces con la ayuda del consejo parroquial es el

_____.

3. La persona que dirige y sirve a la gente de una diócesis es el

_____.

4. En la Iglesia todos son llamados a propagar el

_____.

5. Di de que forma puedes tratar de vivir una vida santa.

_____

_____

FE VIVA

EN EL HOGAR Y EN LA PARROQUIA

En esta lección los niños aprendieron sobre la Iglesia Católica, su gente, ministros y organización en el mundo. Usted debe enseñar a sus hijos que la familia es la parte más importante de la comunidad de la Iglesia. Su familia es el mejor lugar para que su hijo aprenda acerca de Dios, la Iglesia y la buena nueva de Jesús. En la familia los niños aprenden a amar y a servir a los demás.

Enseñe a los miembros de la familia a ayudar y compartir sus penas y alegrías. Asegúrese de rezar juntos en familia, por ejemplo, en la mañana y antes de acostarse, así como antes y después de las comidas.

Resumen de la fe

- El papa, los obispos y los párrocos dirigen y sirven a la Iglesia.

- Por el Bautismo estamos llamados a llevar la misión de Jesús.

- Una vocación es una invitación a servir a Dios y a la Iglesia en forma especial.

REVIEW · TEST

Complete the sentences below.

1. The Bishop of Rome and the leader of the whole Catholic Church is

_____.

2. The person who leads and serves the parish, sometimes with the help of a parish council, is the

_____.

3. The person who leads and serves the people of his diocese is the

_____.

4. Everyone in the Church is called to spread the

_____.

5. Tell one way you can try to live a holy life.

_____

_____

FAITH ALIVE · AT HOME AND IN THE PARISH

In this lesson your child learned more about the Catholic Church community—its people, ministries, and organization around the world. But you must show him or her that the family is the most important part of the Church community. Your family is the first and best place for your child to learn about God, the Church, and the good news of Jesus. In your family your child learns to love and serve others.

Teach the family members to reach out to help and to share their hurts and joys. Be sure to pray together as a family—for example, in the morning and at bedtime, as well as before and after meals.

Faith Summary

- The pope, bishops, and pastors lead and serve our Church.

- By Baptism we are called to carry on the mission of Jesus.

- A vocation is an invitation to serve God and the Church in a special way.

18 Nuestra Iglesia trabaja por justicia y paz

Jesús, ayúdanos a trabajar por la paz en nuestros hogares y vecindarios.

NUESTRA VIDA

En los tiempos de Jesús, así como en la actualidad había muchas personas que no eran tratadas justamente.

Pedro, el cabeza de los apóstoles, algunas veces se quedaba en la casa de los gentiles para contarles la buena nueva de Jesús. Los gentiles no eran judíos.

A alguna gente en la Iglesia no le gustaban los gentiles y no querían que pertenecieran a la Iglesia. Pero Pedro bautizó a los gentiles y les dio entrada a la comunidad de Jesús.

Algunos cristianos amigos de Pedro se enojaron con él. Le dijeron: "Eres invitado a la casa de los gentiles, incluso comes con ellos".
Basado en los Hechos de los Apóstoles 11:3

Pedro les recordó que porque todos somos iguales a los ojos de Dios, Jesús quiere que tratemos a todo el mundo con amor, respeto y justicia.

¿Conoces a alguien que es tratado injustamente? Cuéntanos.

COMPARTIENDO LA VIDA

Cuando escuchas algo o ves a alguien en tu vecindario o en la escuela tratado injustamente, ¿cómo te sientes?

¿Por qué alguna gente es tratada injustamente?

Dramatiza algunas formas en que Dios quiere que tratemos a la gente.

18   Our Church Works for Justice and Peace

Jesus, help us
to work for
peace in our
homes and
neighborhoods.

Our Life

In Jesus' time, just as today, there were people who were not treated fairly.

Peter, the leader of the apostles, sometimes stayed in the homes of Gentiles to tell them Jesus' good news. Gentiles were people who were not Jewish.

Some people in the Church did not like Gentiles and did not want them to belong to their Church. But Peter baptized Gentiles and welcomed them into Jesus' community.

Some of Peter's Christian friends were angry with him. They said, "You were a guest in the home of Gentiles, and you even ate with them!" From Acts of the Apostles 11:3

Peter reminded the first Christians that because everyone is equal in the eyes of God, Jesus wants us to treat all people with love, respect, and fairness.

Do you know people who are treated unfairly? Tell about it.

Sharing Life

When you hear about or see someone in your neighborhood or school treated unfairly, how does it make you feel?

Why are people sometimes treated unfairly?

Act out some ways God wants us to treat people.

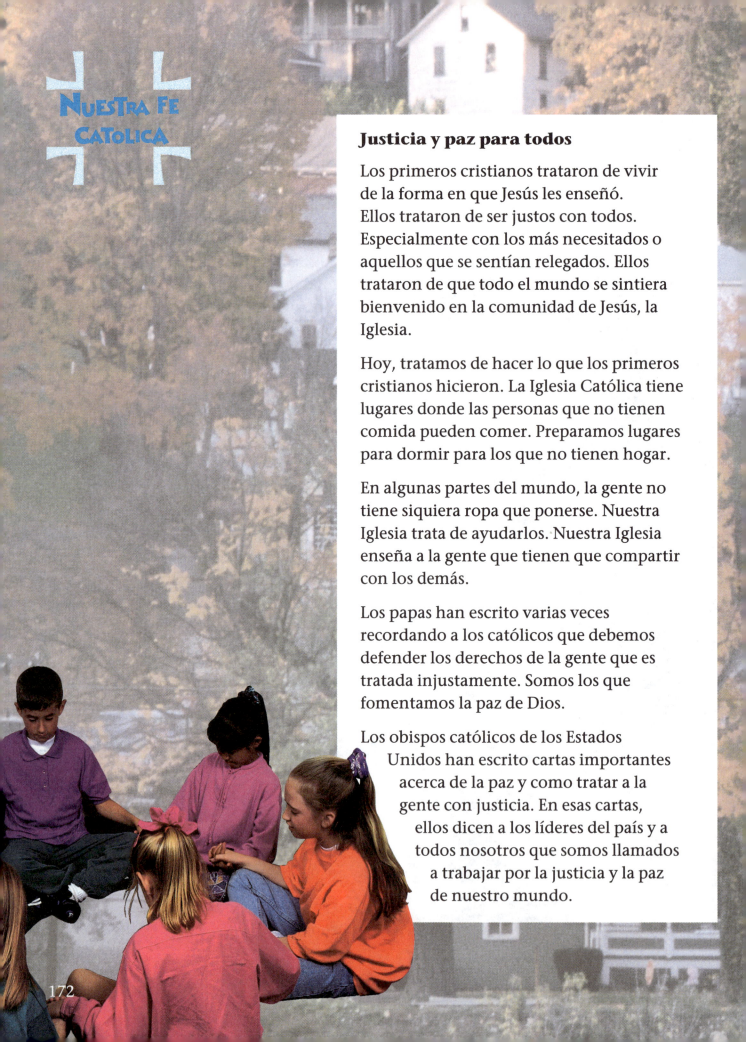

Justicia y paz para todos

Los primeros cristianos trataron de vivir de la forma en que Jesús les enseñó. Ellos trataron de ser justos con todos. Especialmente con los más necesitados o aquellos que se sentían relegados. Ellos trataron de que todo el mundo se sintiera bienvenido en la comunidad de Jesús, la Iglesia.

Hoy, tratamos de hacer lo que los primeros cristianos hicieron. La Iglesia Católica tiene lugares donde las personas que no tienen comida pueden comer. Preparamos lugares para dormir para los que no tienen hogar.

En algunas partes del mundo, la gente no tiene siquiera ropa que ponerse. Nuestra Iglesia trata de ayudarlos. Nuestra Iglesia enseña a la gente que tienen que compartir con los demás.

Los papas han escrito varias veces recordando a los católicos que debemos defender los derechos de la gente que es tratada injustamente. Somos los que fomentamos la paz de Dios.

Los obispos católicos de los Estados Unidos han escrito cartas importantes acerca de la paz y como tratar a la gente con justicia. En esas cartas, ellos dicen a los líderes del país y a todos nosotros que somos llamados a trabajar por la justicia y la paz de nuestro mundo.

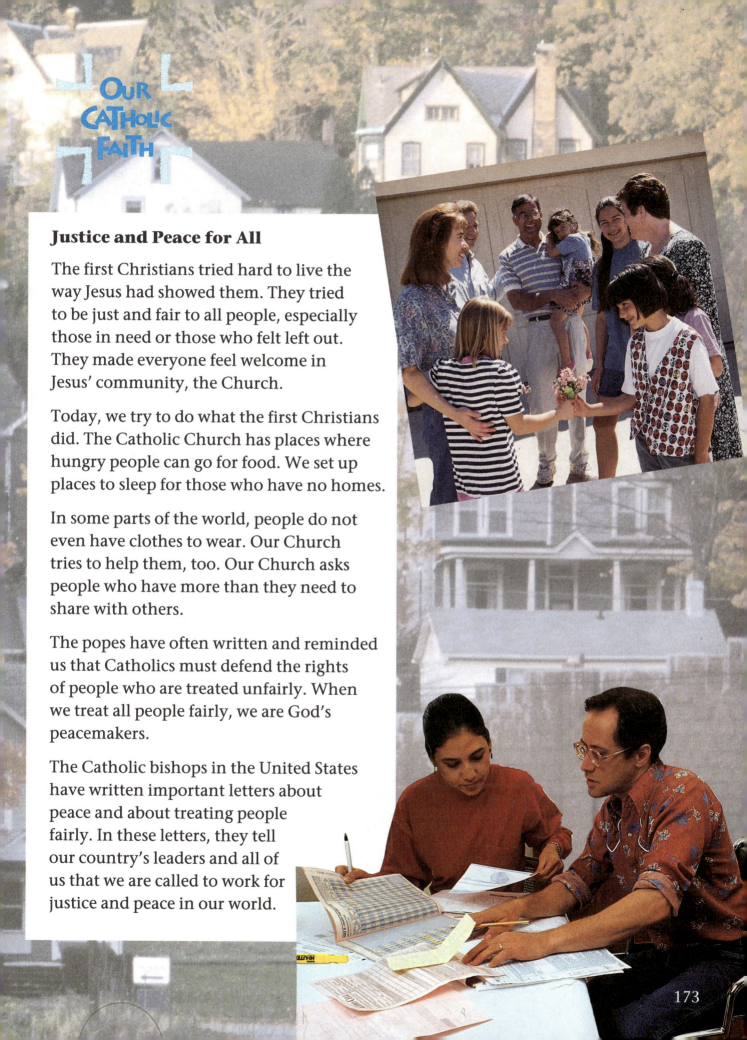

Justice and Peace for All

The first Christians tried hard to live the way Jesus had showed them. They tried to be just and fair to all people, especially those in need or those who felt left out. They made everyone feel welcome in Jesus' community, the Church.

Today, we try to do what the first Christians did. The Catholic Church has places where hungry people can go for food. We set up places to sleep for those who have no homes.

In some parts of the world, people do not even have clothes to wear. Our Church tries to help them, too. Our Church asks people who have more than they need to share with others.

The popes have often written and reminded us that Catholics must defend the rights of people who are treated unfairly. When we treat all people fairly, we are God's peacemakers.

The Catholic bishops in the United States have written important letters about peace and about treating people fairly. In these letters, they tell our country's leaders and all of us that we are called to work for justice and peace in our world.

Justicia es la virtud que nos llama a tratar a todo el mundo justamente

Justicia

Hacer la paz empieza con cada uno de nosotros. Todos los seguidores de Jesús debemos trabajar por la paz. Cuando somos justos con todos, empezamos a construir una familia, una parroquia y un mundo en el cual todos pueden vivir en paz.

En nuestra parroquia algunas personas trabajan por la paz cuando visitan o se preocupan por los enfermos o ayudan a otros. Otros ayudan a gente con impedimentos físicos y luchan para que sean tratados justamente.

Hay parroquias que acogen refugiados, los que tienen que huir de sus propios países en busca de justicia. Los ayudan a buscar casa, aprender el idioma y a encontrar trabajo.

Otros en nuestra parroquia trabajan para poner fin a la guerra y a la violencia.

Todo el que mire a nuestra parroquia debería decir: "Mira a esos cristianos, aman a todo el mundo". Todo el mundo debería llamarnos una parroquia de justicia y paz.

y Paz

Making peace begins with each one of us. All the followers of Jesus must be peacemakers. When we are just and fair to everyone we meet, we begin to build a family, a parish, and a world in which all can live in peace.

In our parish some people are peacemakers when they visit and care for the sick or help older people. Others help disabled people and make sure that they are treated fairly.

There are parishes that welcome refugees, those who must run away from their own countries because of injustice. These parishes help them to find homes, learn to speak our language, and get jobs.

Others in our parish work to put an end to war and bring about an end to violence.

Everyone who looks at our parish should want to say, "See how these Christians love other people." Everyone should be able to call us a parish of justice and peace.

175

ACERCANDOTE A LA FE

Trabaja con un compañero o dos para dramatizar como estas personas pueden trabajar por la paz.

- dos amigos están enojados.

- una familia está enojada porque una familia extranjera se mudó en la casa del lado.

- los líderes de dos países quieren ir a la guerra.

- una persona rica y alguien que tiene hambre.

LA PAZ DEL MUNDO EMPIEZA CONMIGO

VIVIENDO LA FE

Divídanse en grupos de tres o cuatro para hacer patrullas de paz.

Juntos planifiquen una forma en que el grupo puede trabajar por la paz esta semana en la parroquia.

He aquí una pista: buscar a los que no han sido tratados con justicia.

¿Qué otra cosa hará tu patrulla?

176

COMING TO FAITH

Work with a partner or two to act out how these persons can make peace:

- two friends who are angry with each other

- a family that is angry because someone from a faraway country moved next door

- the leaders of two countries who want to go to war

- a rich person and someone who is hungry

WORLD PEACE BEGINS WITH ME

PRACTICING FAITH

Divide into groups of three or four to become Peace Patrols!

Plan together one way your group can be peacemakers this week in your parish.

Here's a clue: look for those who are not being treated fairly.

What else will your Peace Patrol do?

REPASO

Encierra en un círculo **V** cuando sea **Verdadero** o **F** cuando sea **Falso**. Encierra el signo **?** si no estás seguro.

1. Los obispos católicos escribieron cartas importantes acerca de la paz.   V   F   ?

2. Debemos ser justos sólo con quienes nos caen bien.   V   F   ?

3. Cuando tratamos a todos justamente estamos fomentando la paz.   V   F   ?

4. Nuestra parroquia debe ser una comunidad de justicia y paz.   V   F   ?

5. Explica por qué Dios quiere que tratemos a todo el mundo con justicia.

_____

_____

_____

EN EL HOGAR Y EN LA PARROQUIA

En esta lección los niños aprendieron que todo el mundo es bienvenido a la Iglesia y es tratado con respeto. No hay lugar para los pecados de racismo, sexismo y prejuicio entre los cristianos, quienes son llamados a amarse unos a otros. La Iglesia Católica claramente enseña que nuestra fe requiere que trabajemos por la justicia y la paz.

Oración en familia

Señor, hazme instrumento de tu paz.

Donde hay odio, que yo siembre amor;

donde hay injuria, perdón;

donde haya discordia, unión;

donde haya duda, fe.

Resumen de la fe

- La Iglesia Católica da la bienvenida a todo el mundo.

- La Iglesia nos enseña a ser justos con todos.

- En nuestra parroquia, todos debemos trabajar por la justicia y la paz.

178

REVIEW · TEST

Circle **T** for **True** or **F** for **False**.
Circle **?** if you are not sure.

1. The Catholic bishops wrote an important
   letter about peace.   T   F   ?

2. We should be fair only to people we like.   T   F   ?

3. When we treat all people fairly, we are
   God's peacemakers.   T   F   ?

4. Our parish should be a community of justice
   and peace.   T   F   ?

5. Tell why God wants us to treat all people fairly.

   _____

   _____

   _____

FAITH ALIVE AT HOME AND IN THE PARISH

In this lesson your child learned that all people should be welcome in the Church and be treated with respect. There is no room for the sins of racism, sexism, and prejudice among Christians, who are called to love one another. The Catholic Church clearly teaches that our faith requires us to work for justice and peace.

Faith Summary

- The Catholic Church welcomes everyone.

- The Church teaches us to be just and fair to all people.

- In our parish, everyone should work for justice and peace.

Family Prayer

Lord, make me an instrument of your peace:

Where there is hatred, let me sow love;

Where there is injury, pardon;

Where there is doubt, faith.

19 | Nuestra Iglesia y el reino

Dios de amor
ayúdanos a
construir
tu reino.

NUESTRA VIDA

Jesús estaba muy contento acerca del reino de Dios. El quería que todo el mundo lo conociera. He aquí algunas de la cosas que dijo:

El reino es como un gran banquete ofrecido por un rey. Todo el mundo fue invitado.

El reino de Dios es como un tesoro escondido en un terreno. Una persona lo encuentra y vende todo lo que tiene para comprar el terreno.
Basado en Mateo 13:44; 22:1–14

¿Qué crees que Jesús quería decir cuando dijo que todos estaban invitados al banquete?

¿Por cuál tesoro darías todo lo que tienes?

COMPARTIENDO LA VIDA

¿Cómo explicarías a alguien el reino de Dios?

Termina la oración:

Para mí, el reino de Dios es como. . . .

Comparte tus ideas con tus amigos.

19 Our Church and the Kingdom

Loving God,
help us to build
up Your
kingdom.

OUR LIFE

Jesus was so excited about the kingdom of God. He wanted everyone to know what it was like. Here are some things He said.

The kingdom is like a wonderful banquet that a king gave. Everyone was invited to attend.

The kingdom of God is like a great treasure hidden in a field. A person finds it and sells everything to buy the field.
From Matthew 13:44; 22:1–14

What do you think Jesus meant when He said that everyone was invited to the banquet?

For what great treasure would you give all that you have?

SHARING LIFE

How would you tell someone what the kingdom of God is like?

Finish this sentence.

For me, the kingdom of God is like. . . .

Share your ideas with your friends.

La buena noticia del reino de Dios

Jesús enseñó a sus discípulos como trabajar por un mundo en el que la gente se ame, respete y sea justa. Jesús dijo que cuando la gente vive la Ley del Amor, es justa y trata de vivir en paz, está construyendo el reino de Dios.

He aquí otra historia, o parábola contada por Jesús para ayudarnos a entender como vivir y trabajar por el reino de Dios.

Una vez había un señor que fue a sembrar unas semillas. Al tirar las semillas en el campo algunas cayeron en la orilla. Las aves vinieron y se las comieron.

Otras cayeron en terreno rocoso donde había poca tierra. El sol secó las pequeñas plantas que nacieron.

Algunas cayeron entre zarzas que sofocaron las plantitas.

Pero algunas cayeron en tierra fértil. Las plantas nacidas de estas semillas crecieron fuertes y sanas y dieron muchos frutos.
Basado en Mateo 13:3–8

The Good News of God's Kingdom

Jesus taught His disciples how to work for a world in which people would love, respect, and be fair to everyone. Jesus said that when people live the Law of Love, are just, and try to make peace, they help to build up the kingdom, or reign, of God in the world.

Here is another story, or parable, Jesus told to help us understand more about living and working for God's kingdom.

Once there was a man who went out to plant some seed. As he scattered the seed in the field, some fell along the side. The birds came and ate it up.

Some fell on rocky ground where there was very little soil. The sun soon dried up the young plants that grew from this seed.

Some of the seed fell among thorn bushes that choked the young plants.

But some seed fell on good soil. The plants from this seed grew healthy and large and gave a lot of grain.

From Matthew 13:3–8

Reino de Dios es el poder de la vida y el amor de Dios en el mundo.

Jesús sabía que algunas personas escucharían el mensaje del reino de Dios y no lo aceptarían. Ellos son como las semillas que cayeron en la orilla y las aves se las comieron.

El suelo rocoso se refiere a aquellos que al escuchar la palabra se emocionan pero encuentran que es muy difícil cumplirla. El mensaje, o semilla, nunca hecha raíces en ellos.

Las zarzas se refiere a aquellos que escuchan el mensaje de Jesús, pero las cosas del mundo lo borra. Se olvidan de poner a Dios primero en sus vidas.

La tierra buena se refiere a aquellos que verdaderamente escuchan el mensaje del reino de Dios. Cada día tratan de vivirlo, sin importar lo que pase. Estos son los que construyen el reino de Dios de justicia, paz y amor.

Podemos ser como la tierra buena siendo miembros fieles de la Iglesia. Como bautizados católicos debemos compartir en la vida de gracia—la propia vida de Dios. La gracia de Dios nos ayuda a vivir como Jesús nos enseñó y a hacer lo correcto, aun cuando sea difícil.

Cuando vivimos de esa forma, enseñamos al mundo que Dios está con nosotros. Empezamos a vivir como viviremos con Dios en el cielo. Cada uno de nosotros debe escoger vivir para el reino de Dios. Esto nos hará feliz ahora y por siempre en el cielo.

The **kingdom, or reign, of God** is the power of God's life and love in the world.

Jesus knew that some people would hear the message of God's kingdom and would not accept it. They are like the field where the seed was eaten up by the birds.

The rocky ground stands for those who get very excited when they hear the word of God but then find it too hard to live that word. The message, or seed, never takes root in their hearts.

The thorn bushes stand for those who hear the message of Jesus but let other things crowd it out. They forget to put God first in their lives.

The good soil stands for those who truly hear the message of God's kingdom. Each day they try to live it, no matter what happens. These are the ones who build up God's kingdom of justice, peace, and love.

We can be like the good ground by being faithful members of the Church. As baptized Catholics, we share in life of grace—God's own life. God's grace enables us to live as Jesus taught us and to do what is right, even when that is hard.

When we live this way, we are signs to the world that God is with us. We are beginning now to live as we will live with God in heaven. Each of us must choose to live for God's kingdom. This will make us happy now and happy forever in heaven.

185

ACERCANDOTE A LA FE

Escribe lo que la parábola del sembrador y las semillas te dicen acerca del reino de Dios. Dibuja un símbolo que te ayude a recordarlo.

Parábola del sembrador

Mensaje   símbolo

_____

_____

VIVIENDO LA FE

Encierra en un círculo uno de estos lugares:

casa   escuela   vecindario

Comparte con otro lo que harás para construir el reino de Dios en ese lugar esta semana.

Terminen rezando el Padre Nuestro.

Coming To Faith

Write what this parable of the sower
and the seed tells you about the kingdom of God.
Draw a symbol that will help you to remember it.

Parable of the Sower

Message   Symbol

_____

_____

Practicing Faith

Circle one of these places:

home   school   neighborhood

Share with one another what you will do
there to build up God's kingdom this week.

Close by praying the Our Father together.

187

REPASO

Encierra en un círculo la letra al lado de la respuesta correcta.

1. Jesús enseñó parábolas para enseñarnos como
   a. sembrar.
   b. vivir el reino de Dios.
   c. contar historias.

2. El mensaje del reino de Dios es
   a. sólo para la Navidad.
   b. sólo para adultos.
   c. para todos.

3. Ayudamos a construir el reino de Dios
   a. viviendo la Ley del Amor.
   b. haciendo dinero.
   c. buscando poder.

4. Somos señales del reino de Dios cuando
   a. hacemos que otros nos oigan.
   b. hacemos dinero.
   c. hacemos las paces con los demás.

5. Escribe como puedes ser una señal del reino de Dios para alguien esta semana.

_____

_____

FE VIVA

EN EL HOGAR Y EN LA PARROQUIA

Como cristianos debemos entender que el reino de Dios es el poder de la vida y el amor de Dios trabajando en el mundo. Por el Bautismo cada uno de nosotros es llamado a ser una señal del reino viviendo de acuerdo a la voluntad de Dios—la "voluntad de Dios" es justicia y paz, amor y libertad completa y plena de vida para todo el mundo, y la integridad de la creación.

Sembrando semillas

Prepare una ceremonia con la familia donde siembre una semilla en su patio o un macetero. Puede ser de una flor. Deje que la planta sea un símbolo de amor y el deseo de la familia de poner a Dios primero en sus vidas. Mientras la planta crece compartan las formas en que cada miembro de la familia está creciendo en amor. Hablen de formas en que el amor de uno por otro ayuda a propagar el mensaje del reino de Dios y a construirlo.

Resumen de la fe

- El reino de Dios es el poder de la vida y el amor de Dios en el mundo.

- Todos tenemos una tarea que hacer para construir el reino de Dios.

- Cuando hacemos la voluntad de Dios somos señales del reino de Dios.

REVIEW · TEST

Circle the letter beside the correct answer.

1. Jesus told parables to teach us how to
   a. plant seeds.
   b. live in God's kingdom.
   c. tell good stories.

2. The message of God's kingdom is
   a. only for Christians.
   b. only for adults.
   c. for everyone.

3. We help build up God's kingdom by
   a. living the Law of Love.
   b. making money.
   c. seeking power.

4. We are signs of God's kingdom when we
   a. make others listen to us.
   b. make money.
   c. make peace with others.

5. Write how you can be a sign of God's kingdom for someone this week.

_____

_____

FAITH ALIVE AT HOME AND IN THE PARISH

As Christians we must understand that the kingdom, or reign, of God is the power of God's life and love working in the world. By Baptism each of us is called to be a sign of God's reign by living our lives according to God's will—"God's will" is justice and peace, love and freedom, wholeness and fullness of life for all people, and the integrity of God's creation.

Planting a Seed

Have a family ceremony in which you plant a seed in your yard or in a jar or flowerpot. It may be a plant or flower seed. Let the growing plant be a symbol of your family's love and desire to put God first in your lives. As the seed grows, share with one another ways in which your family's love has grown. Talk about the way your love for one another helps to spread the message of God's kingdom and to build that kingdom, too.

Faith Summary

- The kingdom, or reign, of God is the power of God's life and love in the world.

- We all have a part to play in building up the kingdom of God.

- When we do God's will, we are signs of the reign of God.

Jesús, ayúdanos a, como tú, llevar nuestra cruz.

NUESTRA VIDA

José corrió hacia el auto para saludar a la abuela.

"Felicidades José", le dijo la abuela al tiempo que le daba un bizcocho y un regalo.

"No es mi cumpleaños, abuela", dijo José.

"Ya lo sé, hoy celebramos tu bautismo", respondió la abuela. "Cuando era pequeña todos los años celebrábamos nuestro día de bautismo con una pequeña fiesta. También recibíamos pequeños regalos religiosos. Abre tu regalo de bautismo José".

José abrió la caja y encontró una bonita cruz en una cadena. Se la puso y abrazó a su abuela.

"Vamos a cortar el bizcocho", dijo.

¿Qué sabes de tu bautismo?

COMPARTIENDO LA VIDA

Hablen del por qué es importante para las personas recordar su bautismo.

¿Cómo crees sería el mundo si cada persona tratara de vivir como hijo de Dios?

Jesus, help us,
like You, to
carry our cross.

Our Life

Tim ran to the car to greet
his grandmother.

"Happy day, Tim!" Granny
said as she handed him a
beautiful cake and a gift.

"It's not my birthday,
Granny," said Tim.

"No, I know that. It's the
day to celebrate your
Baptism," explained Granny.
"When I was a girl, we
always celebrated our
baptismal day every year
with a little party. We also
received a small religious
gift. Open your present, Tim."

Tim unwrapped the box and
found a beautiful cross on a
chain. He put it on and hugged
his grandmother.

"Let's cut the cake," she said.

Tell what you know about
your Baptism.

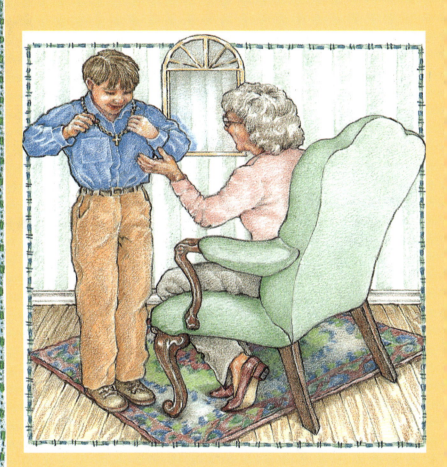

Sharing Life

Talk together about the reasons
why it is important for people
to remember their Baptism.

What do you think the world
would be like if each person
tried to live as God's child?

Nos preparamos para la Pascua de Resurrección

La Cuaresma, cuarenta días antes de la Pascua de Resurrección, es un tiempo muy importante en el año eclesiástico. Durante la Cuaresma pensamos sobre el gran regalo de la gracia de Dios que recibimos por primera vez en el sacramento del Bautismo. La Iglesia nos recuerda que como pueblo de Dios necesitamos crecer en su gracia, la vida y el amor de Dios en nosotros. También debemos rezar por aquellos que se preparan para recibir el Bautismo durante la Pascua de Resurrección.

Empezamos la Cuaresma el Miércoles de Ceniza recibiendo las cenizas en nuestra frente. Las cenizas son un signo con que mostramos a otros que estamos arrepentidos de nuestros pecados y que queremos tratar de vivir nuestro bautismo siguiendo a Jesús.

Durante la Cuaresma pensamos en el gran amor de Jesús al darse a sí mismo a nosotros. Sabemos que no siempre hemos amado a Dios y a los demás de la forma que debiéramos.

Como pueblo de Dios, tratamos de ser mejores no siendo egoístas y haciendo más cosas con amor por los demás.

Durante los viernes de Cuaresma, en nuestra parroquia se puede hacer el vía crucis. El vía crucis son catorce "estaciones", o paradas, donde nos detenemos a recordar el sufrimiento de Jesús. Las estaciones nos recuerdan la historia de la pasión (sufrimiento) y muerte de Jesús.

Por el Bautismo estamos unidos a Jesús en su muerte y resurrección. Si estamos arrepentidos de nuestros pecados y tratamos de ser mejores, compartiremos el gozo de la resurrección de Jesús. De esa forma nos preparamos para celebrar la Pascua de Resurrección.

Our Catholic Faith

We Prepare for Easter

Lent, the forty days before Easter, is a very important season in the Church year. During Lent we think about the great gift of God's grace we first received in the sacrament of Baptism. The Church reminds us that as God's people we need to grow in God's grace, God's own life and love in us. We must also pray for those who are now preparing for Baptism at Easter time.

We begin Lent on Ash Wednesday by receiving ashes on our forehead. Ashes are a sign to others that we are sorry for our sins and want to try harder to live our Baptism by following Jesus.

During Lent we think about Jesus' great love in giving His life for us. We know that we have not always loved God and others as we should.

As God's people, we try to do better by being unselfish and by doing more loving things for others.

On Fridays during Lent, our parish may pray the stations of the cross. There are fourteen "stations," or stops, where we pause to remember Jesus' suffering. The stations tell the story of Jesus' passion (suffering) and death.

By Baptism we are united with Jesus in both His death and resurrection. If we are sorry for our sins and try to do better, we, too, will share in the joy of Jesus' resurrection. In this way we prepare to celebrate Easter.

ACERCANDOTE A LA FE

¿Qué cosas harás con amor esta Cuaresma para prepararte para la Pascua de Resurrección?

Escribe lo que recuerdas acerca de la Cuaresma.

1. Cuaresma es un tiempo para recordar nuestro

   _____ .

2. Durante la Cuaresma rezamos por los

   que serán bautizados en _____ .

3. El vía crucis nos recuerda la _____

   y _____ de Jesús.

VIVIENDO LA FE

Con tu grupo planifica una estación del vía crucis en vivo. Muestra lo que está pasando en cada estación. Mira la escena, piensen por un momento y recen juntos.

†Una oración de cuaresma

Guía: Jesús, sufriste y moriste para salvarnos. Ayúdanos esta Cuaresma a seguirte más de cerca, para que podamos conocer el gozo de tu resurrección.

Lector 1: Primera estación: Jesús es condenado a muerte. (pausa)

Todos: Jesús, ayúdame a ser valiente para decir y hacer lo que creo.

Lector 2: Segunda estación: Jesús toma la cruz. (pausa)

Todos: Jesús, ayúdame a llevar las pequeñas cruces de mi vida.

Lector 3: Tercera estación: Jesús cae por primera vez. (pausa)

Todos: Jesús, ayúdame a hacer lo correcto, aún cuando sea difícil.

Al final de cada estación recen:

Todos: Te adoramos, oh Cristo y te bendecimos porque por tu santa cruz redimiste al mundo.

(Prepara oraciones para las estaciones del 4 al 14.)

Coming to Faith

What loving things can you do this Lent to prepare for Easter?

Show what you remember about Lent.

1. Lent is a time to remember our

   _____ .

2. During Lent we pray for those who

   will be baptized at _____ .

3. The stations of the cross remind

   us of Jesus' _____

   and _____ .

Practicing Faith

With your group, plan "living" stations of the cross. Show in a still scene what is happening in each station. Look at the scene, think quietly for a few moments, and then pray together in response.

† A Lenten Prayer

Leader: Jesus, You suffered and died to save us. Help us, this Lent, to follow You more closely, so we may come to know the joy of Your resurrection.

Reader 1: The first station: Jesus is condemned to death. (Pause)

All: Jesus, help me to be brave, to say and do what I believe.

Reader 2: The second station: Jesus takes up His cross. (Pause)

All: Jesus, help me to carry the small crosses of my life.

Reader 3: The third station: Jesus falls the first time. (Pause)

All: Jesus, help me do what is right, even when it is hard.

At the end of the stations, pray together:

All: We adore You, O Christ, and we bless You because by Your holy cross You have redeemed the world.

(Prepare prayers for stations 4–14.)

REPASO

Completa las siguientes oraciones:

1. Cuaresma son cuarenta días antes de_____.

2. La _____ es una señal especial que la Iglesia usa para ayudarnos a empezar la Cuaresma.

3. Durante la Cuaresma la Iglesia nos pide _____.

4. El vía crucis nos recuerda la _____ y

_____ de Jesús.

5. Di una cosa que harás con amor durante la Cuaresma para prepararte para la Pascua de Resurrección. ¿Cuándo la harás?

_____

_____

_____

FE VIVA
EN EL HOGAR Y EN LA PARROQUIA

Esta lección ayuda a los niños a profundizar el entendimiento de la Cuaresma. La base de nuestra preparación espiritual para la Pascua de Resurrección, incluyendo recordar nuestro bautismo, hacer penitencia y apoyar a los que van a celebrar el Bautismo.

La Cuaresma nos ayuda a tomar tiempo para recordar quienes somos como bautizados cristianos y que necesitamos hacer para fortalecer nuestro compromiso con Jesucristo y su Iglesia. Somos llamados a hacer retiro y a renovar nuestra fe cristiana. Es un tiempo ideal para ahondar nuestro compromiso para trabajar por justicia y misericordia. También apoyamos con palabra y acción a los que se están preparando para celebrar el Bautismo, la Confirmación y la Eucaristía durante la Vigilia Pascual.

Tiempo de Reflexión

Si es posible, prepare un lugar especial para que su familia rece durante la Cuaresma. Si quiere puede colocar una cruz o un dibujo de Jesús, así como fotos de la familia celebrando algún sacramento.

Resumen de la fe

- La Cuaresma es un tiempo de cuarenta días antes de la Pascua de Resurrección. Empieza el Miércoles de Ceniza.

- Durante la Cuaresma recordamos de manera especial el don de la vida de Dios que recibimos con el Bautismo.

REVIEW ▪ TEST

Complete the sentences below.

1. The season of Lent is the forty days before _____.

2. A special sign the Church uses to help us mark the beginning of Lent is

   _____ .

3. During Lent, the Church asks us to do _____.

4. The Stations of the Cross remind us of Jesus'

   _____ and _____ .

5. Tell one loving thing you can do during Lent to prepare for Easter.
   When can you do it?

   _____

   _____

   _____

FAITH ALIVE AT HOME AND IN THE PARISH

This lesson helped to deepen your child's understanding of Lent. The focus is on our spiritual preparation for Easter, including recalling our Baptism, doing penance, and supporting those preparing for Baptism.

Lent helps us to take time to recall who we are as baptized Christians and what we need to do to deepen our commitment to Jesus Christ and His Church. We are called to a time of retreat and renewal in our Christian faith. It is an ideal time to deepen our commitment to the works of justice and mercy. We must also support by word and action those preparing for Baptism, Confirmation, and Eucharist at the Easter Vigil.

A Season to Reflect

If possible, set up a special place for your family to pray together during the season of Lent. You may want to display a cross or a picture of Jesus in your prayer place. You may also want to include photos and mementos of family baptismal celebrations.

Faith Summary

- Lent is the season of forty days before Easter. It begins on Ash Wednesday.

- During Lent we recall in a special way the gift of God's life we received in Baptism.

21 Pascua de Resurrección

Jesús, te
alabamos y
damos gracias
por traernos
nueva vida.

NUESTRA VIDA

¿Quién soy? ¿Puedes adivinar?
Escribe tus respuestas.

Vengo de una semilla.   _____

Vengo después del invierno.   _____

Nazco de un capullo.   _____

Salgo después de la lluvia.   _____

Vengo después de la tristeza.   _____

Vengo después de la noche.   _____

Salgo de un huevo.   _____

Vengo después de la muerte.   _____

Nombra otras señales de nueva vida.

COMPARTIENDO LA VIDA

Narra una historia acerca de una señal
especial de nueva vida que te haya
pasado.

¿Qué nueva vida Dios quiere que
celebres en la Pascua de Resurrección?

¿Por qué necesitamos señales de
nueva vida?

21 Easter

Jesus, we praise You and thank You for bringing us new life!

OUR LIFE

Who am I? Can you guess?
Write your answers.

I come from a seed. _____

I come after winter. _____

I come from a caterpillar. _____

I come after rain. _____

I come after sadness. _____

I come after night. _____

I come from a little egg. _____

I come after death. _____

Name other signs of new life.

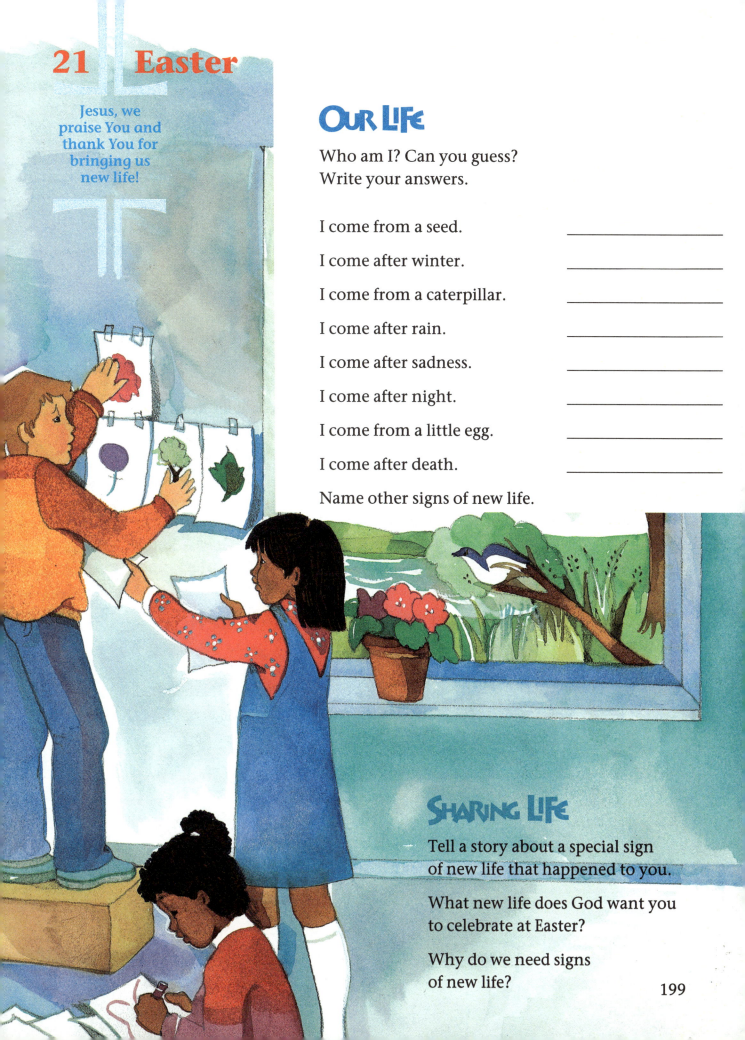

SHARING LIFE

Tell a story about a special sign of new life that happened to you.

What new life does God want you to celebrate at Easter?

Why do we need signs of new life?

199

Celebramos la Resurrección de Jesús

Durante la Cuaresma seguimos a Jesús hasta sus últimos días. Es como el fin de un frío invierno. Al final, la resurrección llega como la nueva vida de la primavera. Después de la tristeza de la muerte de Jesús viene el gran gozo de la resurrección. Jesús está vivo.

En nuestra parroquia encontramos señales de nueva vida y gozo:

- Escuchamos canciones de gozo.

- El coro y la gente cantan aleluya, aleluya, Jesucristo ha resucitado hoy.

- El altar y otras áreas de la Iglesia están decoradas con flores.

- Los sacerdotes y los diáconos visten de blanco y dorado.

- El cirio pascual se levanta a un lado del altar durante el tiempo de Pascua. Nos recuerda que Jesús, la Luz del Mundo, ha resucitado.

- En la misa el sacerdote o el diácono lee la historia del evangelio que nos dice por qué nuestra tristeza se ha convertido en gozo. Jesús, nuestro Salvador, ha resucitado. El tiene nueva vida para nosotros. Compartimos el gozo con todos.

OUR CATHOLIC FAITH

We Celebrate Jesus' Resurrection

During Lent we follow Jesus through His last days. It is like the end of a cold winter. Then, finally, Easter comes like the new life of spring! Out of the sadness of Jesus' death comes the great joy of His resurrection. Jesus is alive!

In our parish church we find signs of new life and joy everywhere.

- We hear joyful music played.

- The choir and people sing Alleluia, Alleluia! Jesus Christ is risen today!

- The altar and other areas of the church are decorated with spring flowers.

- Priests and deacons wear white and gold vestments.

- The tall paschal candle stands beside the altar all during the Easter season. It reminds us that Jesus, the Light of the World, is risen.

- At Mass the priest or deacon reads the gospel story that tells why our sorrow has turned into joy. Jesus, our Savior, is risen! He has won new life for us! We share our joy with everyone.

ACERCANDOTE A LA FE

¿Cómo nos ayuda la Iglesia a celebrar la resurrección de Jesucristo con gozo?

Imagina que encuentras a Jesús resucitado en la primera mañana de Pascua. ¿Qué le dirías?

VIVIENDO LA FE

Celebra la Resurrección dramatizando con el grupo la historia de la resurrección de Jesús. Empiecen cantando "Aleluya".

Lector 1: El primer día de la semana al amanecer, las mujeres fueron a la tumba llevando especies para el cuerpo de Jesús. Encontraron la piedra rodada, cuando entraron a la tumba el cuerpo de Jesús no estaba.

Lector 2: Mientras estaban ahí, dos hombres vestidos con ropa brillante se les aparecieron. Las mujeres tenían miedo.

Angel 1: ¿Por qué buscan entre los muertos a quien está vivo? Jesús no está aquí. El ha resucitado.

Angel 2: Recuerden que Jesús les dijo que él tenía que ser crucificado y que resucitaría al tercer día.

Lector 3: Las mujeres recordaron lo que Jesús había dicho. Se llenaron de alegría. Salieron rápido corriendo a contarle a los otros discípulos lo que habían visto y oído.

Todos: (Canten un himno de resurrección o repitan el "aleluya").

Coming to Faith

How does the Church help us to celebrate the resurrection of Jesus Christ with joy?

Imagine that you meet the risen Jesus on the first Easter morning. What might you say to Him?

Practicing Faith

Celebrate Easter by acting out with your group the story of Jesus' resurrection. Begin by singing an Easter "Alleluia."

Reader 1: On the first day of the week at dawn, the women went to the tomb bringing spices to anoint Jesus' body. They found the stone rolled away, but when they went into the tomb, they did not find the body of Jesus.

Reader 2: While they stood there, two men in bright, shining garments appeared beside them. The women were very frightened.

Angel 1: Why do you search for the living one among the dead? Jesus is not here. He has been raised up.

Angel 2: Remember what Jesus told you— that He must be crucified, and on the third day rise again.

Reader 3: Then the women remembered that Jesus had told them this. They were filled with joy. They left quickly and ran to tell the other disciples what they had seen and heard.

All: (Sing an Easter hymn or repeat the "Alleluia.")

203

REPASO

Escribe una **X** en el cuadro al lado de cada oración que diga como la Iglesia celebra la resurrección de Jesús.

1. ☐ Cantamos "aleluya" en la parroquia.

2. ☐ En la misa escuchamos el evangelio de la historia del nacimiento de Jesús.

3. ☐ Celebramos la nueva vida que Jesús ha ganado para nosotros.

4. ☐ Compartimos nuestro gozo de resurrección con todo el mundo.

5. Escribe tu mensaje de resurrección aquí. ¿Con quién lo vas a compartir?

_____

_____

_____

FE VIVA — EN EL HOGAR Y EN LA PARROQUIA

En esta lección los niños revisaron la historia y el mensaje de Resurrección. Esta es una historia de gozo y victoria sobre la muerte. En el Cristo resucitado ponemos nuestra esperanza y nuestra resurrección final a una nueva vida. La resurrección nos dice que cuando nuestros sufrimientos se unen a los de Jesús, pueden vencerse. Esta es la esperanza culminante celebrada en la resurrección y que los cristianos testifican.

Testigos de la resurrección

Hagan un cartel de la familia o una bandera para celebrar el regalo de Dios de nueva vida. Escriban en él "Regocijémonos y estemos alegres, aleluya". Invite a los miembros de la familia a pegar o hacer dibujos que muestren personas y otras cosas vivientes por las que ellos están agradecidos. Por ejemplo: el regalo de Jesús, familia y amigos, la parroquia, las flores. Mensajes personales y poesías también se pueden incluir. Exhiba el cartel o la bandera en la puerta principal, en una ventana o en una pared en la casa.

Canten "aleluya"

Pida al niño enseñar a la familia el "aleluya" aprendido esta semana. Si quiere empiece su celebración de la comida de resurrección agarrados de las manos y cantando juntos la canción.

Resumen de la fe

- La Pascua de Resurrección es la celebración de la resurrección de Jesús.
- La resurrección de Jesús es la promesa de una nueva vida para todos.

REVIEW ■ TEST

Put an **X** in the box next to each sentence that tells how the Church celebrates Jesus' resurrection at Easter.

1. ☐ We sing "Alleluia" in our parish churches.

2. ☐ At Mass we listen to the gospel story of Jesus' birth.

3. ☐ We celebrate the new life that Jesus has won for us.

4. ☐ We share our Easter joy with everyone around us.

5. Write your own Easter message here. With whom would you share it?

_____

_____

_____

FAITH ALIVE AT HOME AND IN THE PARISH

In this lesson your child reviewed the story and message of Easter. It is a story of joy and victory over death. In the risen Christ we place our hope for our own final resurrection to new life. Easter tells us that our sufferings, when joined with those of Jesus, can be overcome. It is this ultimate hope that Easter celebrates and that Christians give witness to in their lives.

Give Witness to the Resurrection

Make a family poster or banner to celebrate God's gift of new life. On it, print "Let us rejoice and be glad! Alleluia!" Invite family members to draw or paste pictures that show people and other living things for which they are grateful. Examples: the gift of Jesus, family and friends, the parish community, pets, flowers. Personal

messages and poems might also be included. Display the poster or banner on the front door, in a window, or on a wall in your home.

Sing "Alleluia"

Ask your child to teach the family the Easter "Alleluia" he or she learned this week. If you wish, begin your Easter dinner celebration by joining hands around the table and singing the song together.

Faith Summary

- Easter is the celebration of the resurrection of Jesus.

- Jesus' resurrection is the promise of new life for all.

*Jesús, que
todos seamos
uno en ti.*

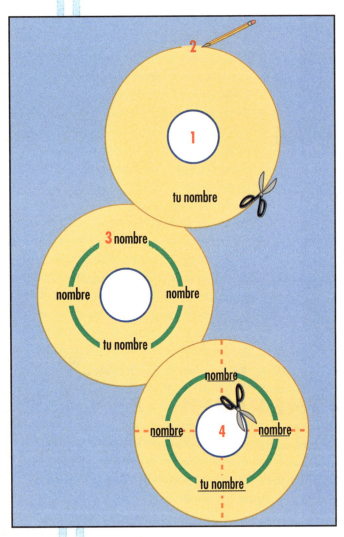

NUESTRA VIDA

Haz un **círculo de amor** como este que
presentamos aquí.

1. En una hoja de papel dibuja un círculo
   del tamaño de una moneda de 25
   centavos.

2. Luego dibuja a su alrededor otro círculo
   de mayor tamaño. Escribe tu nombre en
   él. Recorta el círculo.

3. Escribe el nombre de tres amigos. Unelos
   con una línea.

4. Dobla tu círculo en dos. Dobla otra vez
   en dos. Corta el círculo del medio. Abre
   el círculo. ¿Continúan tú y tus amigos
   "unidos" por amor?

Piensa que el corte que hiciste en tu círculo
es una herida. ¿Puede esta separarte de los
que amas?

Dobla el círculo otra vez. ¿Qué tan grande
es el círculo que tienes que hacer antes de
romper el círculo de amor?

¿Cómo tratas de tapar un hoyo en tu
círculo de amor?

COMPARTIENDO LA VIDA

¿Qué tan grande es el círculo que Jesús
quiere para sus amigos?

Juntos decidan como podemos poner a
todo el mundo en nuestro círculo de
amor.

Círculo de Amor

22   The Church Is One and Holy

Jesus, may we all be one in You.

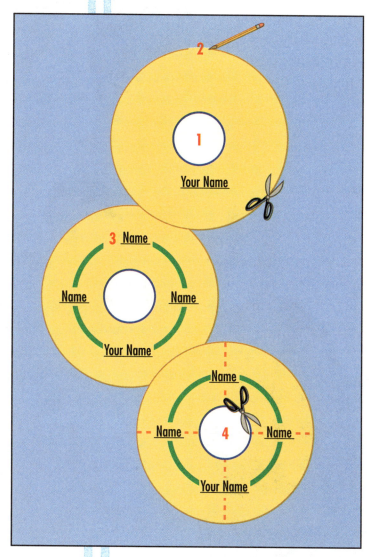

OUR LIFE

Make a **Circle of Love** like this one.

1. On a sheet of paper, draw a circle the size of a quarter.

2. Now draw a much larger circle around the smaller one. Write your name on it. Then cut it out.

3. Write three friends' names on it. Join the names together with a line.

4. Fold your circle in half; then in half again. Cut out the small circle in the middle. Open your circle. Are you and your friends still "connected" by love?

Pretend that the hole you cut out of your circle is a small hurt. Should it separate you from those who love you?

Fold the circle again. How big a hole would you have to cut out before you break the Circle of Love?

How do you try to patch even a small "hole" in your Circle of Love?

SHARING LIFE

How big a circle do you think Jesus wants for His friends?

Decide together how we can put everyone in the whole world on our Circle of Love.

Circle of Love

Las características de la Iglesia

Muchas veces la gente usa uniformes, insignias u otras formas de identificación para mostrar que pertenece a un grupo especial. Como católicos, queremos mostrar que somos discípulos de Cristo.

Hay cuatro marcas que identifican a la Iglesia Católica y muestran a la gente el tipo de comunidad que Jesús fundó. Decimos que por Jesús la Iglesia es una, santa, católica y apostólica.

Los católicos han tratado de vivir estas características desde que Jesús fundó la Iglesia. Algunas veces lo hacemos muy bien, otras no, pero debemos seguir tratando.

La Iglesia es una en Jesús

Jesús quiere que sus discípulos, donde quiera que estén, estén unidos con él y con los demás en el Espíritu Santo.

Los primeros cristianos estaban unidos por la fe y el amor en Jesús. Ellos celebraban la Eucaristía juntos y compartían lo que tenían. Vivieron y trabajaron juntos como Iglesia y Cuerpo de Cristo.

A medida que pasó el tiempo, los primeros cristianos escribieron las creencias que los unieron. Algunos escritos se llegaron a conocer como credos. Cada vez que decimos el Credo Apostólico proclamamos nuestra creencia en la Santísima Trinidad: Dios Padre, Dios Hijo y Dios Espíritu Santo. Mostramos que como seguidores de Jesús estamos unidos en una sola fe y amor.

Our Catholic Faith

The Marks of the Church

People often wear uniforms, badges, or other identifying marks to show that they belong to a special group. As Catholics, we want to show that we are growing as disciples of Jesus Christ.

There are four great identifying marks in the Catholic Church that show people the kind of community that Jesus founded. We say that because of Jesus the Church is one, holy, catholic, and apostolic.

Catholics have been trying to live these marks since Jesus founded the Church. Sometimes we do well, other times we do not, but we must keep trying.

The Church Is One in Jesus

Jesus wants all His disciples everywhere to be united with Him and with one another in the Holy Spirit.

The first Christians were united by their faith and love in Jesus. They celebrated the Eucharist together and shared what they had with one another. They really lived and worked together as the Church, the body of Christ.

As time went on, the first Christians wrote down the beliefs that united them. Some writings became known as creeds. Each time we say the Apostles' Creed we proclaim our belief in the Blessed Trinity: God the Father, God the Son, and God the Holy Spirit. We show that as followers of Jesus we are united as one in faith and love.

209

Las **características de la Iglesia** son cuatro: una, santa, católica y apostólica.

Somos parte del cuerpo de Cristo por el Bautismo. Como católicos estamos unidos por la dirección del papa y los obispos. Como discípulos de Jesús, debemos mostrar que somos uno en fe y amor con él y con los demás.

La Iglesia es santa en Jesús.

Jesús llamó a sus discípulos a vivir como pueblo santo. Los primeros cristianos se animaban unos a otros para vivir santamente. El Espíritu Santo guía a la Iglesia para crecer en santidad.

Crecer en santidad quiere decir poner a Dios primero en nuestras vidas, aun cuando sea difícil. Significa ayudar a nuestra Iglesia a tratar de poner a Dios primero viviendo de la forma que Jesús nos enseñó.

Como discípulos de Jesús, todos somos llamados a ser santos. Podemos mostrar a otros que la Iglesia es santa siguiendo el ejemplo de Jesús. El Espíritu Santo está presente en la Iglesia y nos ayuda a vivir santamente.

Como discípulos de Jesús debemos tratar de ser santos siempre. Crecemos en santidad cuando rezamos y leemos la Biblia, celebramos los sacramentos y tratamos de vivir como discípulos de Jesús. Tratamos de mostrar, en todo lo que hacemos, que la Iglesia de Jesús es santa.

Aprendiendo Juntos

There are four **marks of the Church:** one, holy, catholic and apostolic.

We are made part of the one body of Christ through Baptism. As Catholics, we are united by the leadership of the pope and bishops. As Jesus' disciples, we are to show that we are one in faith and love with Him and one another.

The Church Is Holy in Jesus

Jesus called His disciples to live as holy people. The first Christians encouraged one another to lead holy lives. The Holy Spirit guided the Church to grow in holiness.

Growing in holiness means putting God first in our lives, even when it is hard. It means helping our Church to try always to put God first by living the way Jesus taught us.

As disciples of Jesus, all of us are called to be holy. We can show other people that the Church is holy by following Jesus' example. The Holy Spirit is present in the Church and helps us to lead holy lives.

As Jesus' disciples, we need to try always to be holy. We grow in holiness when we pray and read the Bible, celebrate the sacraments, and try our best to live as disciples of Jesus. We try to show in all we do that Jesus' Church is holy.

ACERCANDOTE A LA FE

Nombra las cuatro características de la Iglesia.

¿Qué significa que es una?

¿Qué significa que es santa?

Juntos discutan como podremos
ser gente santa.

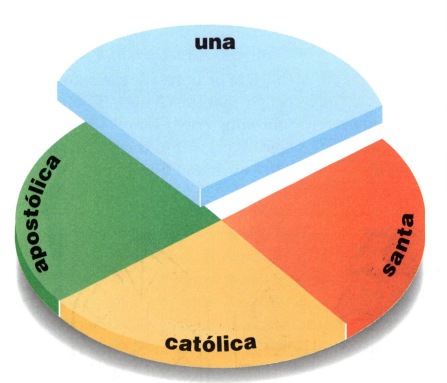

VIVIENDO LA FE

He aquí un círculo de amor con las cuatro
características de la Iglesia.

Sé "uno" con tu grupo. Juntos decidan algo
que harán para mostrar que están unidos en
fe y amor con todos los demás en la Iglesia.
Escribe lo que harás en el círculo de amor.

Luego muestra que estás tratando de crecer
como un miembro santo de la Iglesia. De
pie compartan esta oración.

✝ Jesús, llénanos de tu Espíritu para que
podamos ser miembros santos de tu Iglesia.

212

COMING TO FAITH

Name the four marks of the Church.
What does it mean to be one?
What does it mean to be holy?
Discuss together how you can
become holier people.

PRACTICING FAITH

Here is the Circle of Love with the four
marks of the Church on it.

Be "one" with your group. Decide together
one thing you will do to show that you are
united in faith and love with everyone
else in the Church. Write what you will do
on the Circle of Love.

Then to show that you are trying to grow
as holy members of the Church, stand and
share this prayer together.

†Jesus, fill us with Your Spirit so that we
may be holy members of Your Church.

REPASO

Contesta.

1. Nombra las cuatro características de la Iglesia.

_____

2. ¿Qué significa que la Iglesia es una?

_____

3. ¿Cómo es la Iglesia santa?

_____

4. ¿Cómo la gente está unida en la Iglesia?

_____

5. ¿Cómo puedes ser una persona santa?

_____

_____

_____

EN EL HOGAR Y EN LA PARROQUIA

En esta lección los niños aprendieron que la Iglesia se reconoce por cuatro características: una, santa, católica y apostólica. Estas características nos retan a renovar constantemente nuestros esfuerzos de ser el tipo de comunidad de fe a la que Jesús nos llama. Las dos primeras características; una y santa, fueron explicadas en detalle.

Eres la Iglesia

El Concilio Vaticano Segundo llamó a la familia la "Iglesia Doméstica". Reúnanse en familia para hablar de las formas en que su familia es una "pequeña iglesia", una comunidad de amigos de Jesús viviendo la Ley del Amor. Pida a Jesús bendecir su hogar y su familia.

Resumen de la fe

- Las características de la Iglesia son: una, santa, católica y apostólica.

- La Iglesia es una en Jesús. Estamos unidos en fe y amor como seguidores de Jesús.

- La Iglesia es santa en Jesús. Compartimos la santidad de Dios. Tratamos de vivir santamente

REVIEW · TEST

Answer.

1. Name the four marks of the Church.

_____

2. What does it mean to say the Church is one?

_____

3. How is the Church holy?

_____

4. How are people united in the Church?

_____

5. How can you become a holier person?

_____

_____

_____

FAITH ALIVE AT HOME AND IN THE PARISH

In this lesson your child learned that the Church is recognized by four marks: one, holy, catholic, and apostolic. These marks of the Church challenge us to renew constantly our efforts to be the type of community of faith Jesus called us to be. Emphasis was placed on the first two marks, *one* and *holy*.

You Are the Church

The Second Vatican Council called the family "the domestic Church." Gather as a family to talk about the ways your family is a "little Church," a community of Jesus' friends living the Law of Love. Ask Jesus to bless your home and your family.

Faith Summary

- The Marks of the Church are one, holy, catholic, and apostolic.

- The Church is one in Jesus. We are united in faith and love as followers of Jesus.

- The Church is holy in Jesus. We share in the very holiness of God. We try to lead holy lives.

Dios de amor,
somos tus hijos.
Enséñanos a
respetarnos y
a amarnos
unos a otros.

NUESTRA VIDA

Mira esta fotografía
¿Crees que estos niños son católicos?
¿por qué? ¿por qué no?

¿Hay católicos que

- se visten diferente?
- comen diferente comida?
- hablan idioma diferente?
- tienen diferente música?
- celebran diferentes días de fiesta?

¿Cuáles son algunas cosas que los católicos
tienen en común?

COMPARTIENDO LA VIDA

¿Por qué hay diferentes tipos de personas
en la Iglesia Católica?

¿Por qué son bienvenidas?
Juntos compartan: ¿es la Iglesia para
todo el mundo?

23   The Church Is Catholic and Apostolic

Dear God, we are all Your children. Teach us to respect and love one another.

Look at these pictures.
Do you think these children could be Catholic? Why or why not?

Are there Catholics who:
• dress differently from you?
• eat different foods?
• speak a different language?
• enjoy different music?
• celebrate different holidays?

What are some things that all Catholics share in common?

Sharing Life

Why do we have so many different kinds of people in the Catholic Church?

Why are they all welcome?
Share together: is the Church for everyone?

217

La Iglesia es católica en Jesús

Jesús acogió a todo el mundo en su comunidad de discípulos. También enseñó a su comunidad a dar la bienvenida a todo el mundo. Está en todos los continentes y en todos los países.

Los discípulos de Jesús llevan la buena nueva del amor de Dios a todo el mundo. La Iglesia está hoy en todas partes, en cada continente y en cada país.

Ser católica es la tercera característica de la Iglesia. Católica significa que damos la bienvenida a todos y proclamamos el mensaje de Jesús a todos. La Iglesia da la bienvenida y lleva la buena nueva a todos.

Nuestra parroquia es verdaderamente católica cuando la gente se siente bienvenida, sin importar el lenguaje, color, raza. Cuando los pobres y los ricos, los enfermos y los sanos, los jóvenes y los viejos se sienten bienvenidos, entonces nuestra parroquia muestra que es verdaderamente católica.

La Iglesia es apostólica en Jesús

Jesús pidió al apóstol Pedro que fuera la primera cabeza de su Iglesia. Jesús le dijo: "Tú eres Pedro, o sea Piedra, y sobre esta piedra edificaré mi Iglesia".
Basado en Mateo 16:18

The Church Is Catholic in Jesus

Jesus welcomed everyone into His community of disciples. He taught His community to welcome everyone, too. His good news was for everyone.

Jesus' disciples bring the good news of God's love everywhere. Today the Church is all over the world. It is on every continent and in every country.

Being catholic is the third mark of the Church. Catholic means that we welcome all and proclaim the message of Jesus to all. The Church welcomes and has good news for all people.

Our parish is truly catholic when all people feel welcome, no matter what their language, color, or race may be. When the poor and the rich, the sick and the healthy, the young and the old all feel welcome, then our parish shows it is truly catholic.

The Church Is Apostolic in Jesus

Jesus asked the apostle Peter to be the first leader and guide of His Church. Jesus said, "Peter, you are a rock, and on this rock foundation I will build My church."
From Matthew 16:18

219

Católica significa que la Iglesia acoge a todo el mundo y tiene un mensaje para todo el mundo.

Junto con los demás apóstoles, Pedro debía llevar las enseñanzas de Jesús. A Pedro se le pidió dirigir a los primeros discípulos para que llevaran la misión de Jesús.

Con el tiempo los sucesores de los apóstoles fueron llamados obispos. El obispo de Roma, sucesor de Pedro, es el papa, la cabeza de toda la Iglesia Católica.

Hoy el papa y los obispos nos dirigen para llevar la misión de Jesús. La Iglesia muestra que es apostólica al ser fiel a la misión que Jesús dio a los apóstoles. Decimos que la Iglesia es apostólica en Jesús. Como católicos, estamos llamados a ser fieles a la misión salvadora de Jesús de propagar la buena nueva y llevar el reino de Dios.

Cuando vivimos nuestro credo y el gran mandamiento del amor de Jesús, mostramos que la Iglesia es una. Cuando ponemos a Dios primero en nuestras vidas y recibimos los sacramentos, mostramos que la Iglesia es santa.

Cada vez que acogemos a alguien en nuestra parroquia mostramos que la Iglesia es católica. Cuando ayudamos a llevar la misión de Jesús y vivimos y compartimos su buena nueva, mostramos que la Iglesia es apostólica.

Catholic means that the Church welcomes all people and has a message for all people.

Together with the other apostles, Peter was to make sure that the teachings of Jesus were passed on. Peter was to lead the first disciples in carrying on Jesus' mission, or work.

In time, the successors of the apostles were called bishops. The bishop of Rome, Peter's successor, came to be called the pope, the leader of the whole Catholic Church.

Today the pope and bishops lead us in carrying on the mission of Jesus. The Church shows it is apostolic by being faithful to the mission Jesus gave to the apostles. We say that the Church is apostolic in Jesus. As Catholics, we are all called to be faithful to Jesus' saving mission to spread the good news and bring about God's kingdom.

When we live our creed and Jesus' great commandment of love, we show that the Church is one. When we put God first in our lives and receive the sacraments, we show that the Church is holy.

Every time we make someone feel welcome in our parish, we show that the Church is catholic. When we help carry on Jesus' mission and live and share His good news, we show that the Church is apostolic.

221

Acercandote a la Fe

Explica la característica de la Iglesia que significa que la Iglesia acoge y lleva la buena nueva a todo el mundo en todas partes.

Explica la característica de la Iglesia que significa que la Iglesia es fiel a la misión que Jesús dio a los apóstoles.

¿Quién toma hoy el lugar de Pedro para dirigir la Iglesia?

Juntos decidan lo que el grupo puede hacer para ayudar a la Iglesia a ser más católica y apostólica.

Somos una santa católica y apostólica. Buena noticia para todos

Viviendo la Fe

Junto con algunos de tus compañeros, inviten a alguien más a misa como señal de que nuestra Iglesia es católica. Damos la bienvenida y tenemos el mensaje de la buena nueva de Jesús para todos.

† Reza esta oración durante la misa: Dios de amor, ayuda al papa y a los obispos a llevar el trabajo de los apóstoles.

Coming To Faith

Explain the mark of the Church that means the Church welcomes and has good news for people everywhere.

Explain the mark of the Church that means the Church is faithful to the mission Jesus gave the apostles.

Who takes Peter's place today in leading the whole Catholic Church?

Decide together what your group can do to help the Church be more catholic and apostolic.

We are one holy catholic apostolic. Good News for all people!

Practicing Faith

With a few group members, invite someone else to Mass as a sign that our Church is catholic. We welcome all and have the message of Jesus' good news for all.

✝ During Mass say this prayer: Loving God, help our pope and bishops carry on the work of the apostles.

REPASO

Encierra en un círculo la letra al lado de la respuesta correcta.

1. Los discípulos de Jesús llevaron la buena nueva
a. sólo a los pobres y a los enfermos.
b. a todo el mundo.
c. sólo a los ricos y a los poderosos.

2. Católica significa
a. santa.
b. para todo el mundo.
c. justa.

3. Fue el apóstol nombrado por Jesús para ser la primera cabeza de la Iglesia.
a. Pedro.
b. Pablo.
c. Juan.

4. Apostólica significa
a. llevar la misión que Jesús dio a los apóstoles.
b. ser uno de los doce apóstoles.
c. volver al antiguo testamento.

5. ¿Cómo podemos ayudar a la Iglesia a llevar el mensaje de Jesús a otros?

_____

_____

FE VIVA

EN EL HOGAR Y EN LA PARROQUIA

En esta lección los niños aprendieron las otras dos características de la Iglesia, *católica* y *apostólica*. Pida a su niño explicarle lo que significa cada una y como mostrarlas en nuestra vida diaria.

Compartiendo la buena nueva de Jesús

Ayude a su hijo a apreciar que desde el tiempo de los apóstoles, muchos hombres y mujeres han continuado llevando la buena nueva de Jesús a todo el mundo. Hablen acerca de alguien en su escuela que ayude a su hijo a aprender la buena nueva de Jesús. Terminen rezando una oración.

Resumen de la fe

- La Iglesia es católica en Jesús. Acoge a todos, tiene un mensaje para todos y se encuentra en todo el mundo.

- La Iglesia es apostólica en Jesús. Está fundada en los apóstoles y lleva la misión que Jesús les dio.

- Como católicos, tratamos de vivir las cuatro características de la Iglesia: una, santa, católica y apostólica.

REVIEW ■ TEST

Circle the letter beside the correct answer.

1. Jesus' disciples brought good news to the
    a. poor and sick only.
    b. whole world.
    c. rich and healthy only.

2. Catholic means
    a. holy.
    b. for all people.
    c. just.

3. The apostle Jesus asked to be the first leader of His Church was
    a. Peter.
    b. Paul.
    c. John.

4. Apostolic means
    a. carrying on the mission Jesus gave to the apostles.
    b. being one of the twelve apostles.
    c. going back to the Old Testament.

5. How can you help the Church bring Jesus' message to others?

_____

_____

FAITH ALIVE ■ AT HOME AND IN THE PARISH

In this lesson your child learned about the other two marks of the Church, *catholic* and *apostolic*. Ask your child to tell you what each means and how we can show these marks in our daily lives.

Sharing Jesus' Good News

Help your child to appreciate that since the time of the apostles, many men and women have continued to bring Jesus' good news to everyone. Talk about the people in your school who help your child learn to live Jesus' good news. Conclude by saying a prayer.

Faith Summary

- The Church is catholic in Jesus. It welcomes all, has a message for all, and is all over the world.

- The Church is apostolic in Jesus. It is founded on the apostles and carries on the mission Jesus gave them.

- All Catholics try to live the four marks of the Church: one, holy, catholic, and apostolic.

225

24 **Todos somos hijos de Dios**

*Dios de amor,
ayúdanos a
vivir en paz
con todos.*

NUESTRA VIDA

Cada día Hassan y su padre escuchan la llamada
diaria a rezar. Escuchan la proclamación del
Shahadah desde lo alto de la torre de la
mezquita. "Sólo Dios es Dios y Mahoma es su
profeta". Hassan y su padre se unen a los otros
hombres en la mezquita. Con el frente hacia la
Meca, la ciudad santa del islamismo, bajan la
cabeza y rezan.

Los navajos cantan canciones especiales
llamadas *Blessingeay*. Sus cantos, algunas veces,
se cantan para curar a un enfermo y otras para
pedir por el bienestar de toda la comunidad. Las
canciones cuentan historias acerca de cómo los
navajos llegaron a la tierra y la creación del
Gran Espíritu.

¿Qué dicen estos dos pueblos acerca de Dios?

Explica algo que haces para alabar a Dios.

COMPARTIENDO LA VIDA

Hablen de como creen que Jesús quiere que
actuemos con la gente que adora a Dios de
forma diferente a nosotros.

24 | We Are All God's People

Dear God, help us to live in peace with all people.

Our Life

Every day Hassan and his father listen as the daily call to prayer is sounded. They hear the *Shahadah* proclaimed from the highest tower of the mosque: "There is no God but God; Muhammad is the prophet of God." Hassan and his father join the other men at the mosque. They bow in prayer facing Mecca, the holy city of Islam.

The Navajo use special songs and chants called the *Blessingway*. The chants are sometimes sung to cure the sick and sometimes to ensure the well-being of the whole community. The chants tell stories about how the Navajo came to the earth at creation from the Great Spirit.

What are each of these peoples saying about God?

Tell something you do to worship God.

Sharing Life

Talk over together how you think Jesus wants us to act toward people who worship God differently from us.

NUESTRA FE CATOLICA

Todos somos hijos de Dios

Dios es el creador amoroso de todos en nuestra familia humana. La gente en todo el mundo, cristiana o de otras religiones, alaba a Dios en diferentes formas. Dios quiere que nosotros amemos y respetemos a todos como él nos ama y respeta.

Los cristianos tenemos un lazo especial con nuestros hermanos judíos. Los judíos son llamados el pueblo escogido. Ellos fueron escogidos para decir al mundo que hay un solo y verdadero Dios. Con los judíos, los cristianos atesoramos los Diez Mandamientos.

Jesús nació de una familia judía. La Sagrada Familia alabó a Dios y celebró las mismas fiestas que nuestros amigos judíos celebran hoy.

Jesús quiere que sus discípulos estén unidos en una comunidad. Al crecer la Iglesia algunos miembros empezaron a tener desacuerdos acerca de como Jesús quería que fuera la Iglesia. Algunos decidieron no formar parte de la Iglesia Católica.

Hoy hay muchos tipos de cristianos que no son católicos. Pero que por ser bautizados, son miembros del Cuerpo de Cristo. Por el Bautismo, son nuestros hermanos en Cristo.

Iglesia Presbiteriana
Escuela dominical 9 a.m.

OUR CATHOLIC FAITH

We Are All God's People

God is the loving creator of everyone in our human family. People all over the world, Christians and people of other religions, worship God in different ways. God wants us to love and respect them all, as He does.

We Christians have a special bond with our Jewish brothers and sisters. The Jews are called the chosen people. They were chosen to tell the whole world that there is only one true God. With the Jews, Christians treasure the Ten Commandments.

Jesus was born into a Jewish family. The Holy Family worshiped God and celebrated the same feasts that our Jewish friends celebrate today.

Jesus wanted all His disciples to be united as one community. But as the Church grew, different members began to disagree about what Jesus wanted the Church to be like. Some decided not to remain a part of the Catholic Church.

Today there are many kinds of Christians who are not Catholic Christians. But because they are baptized, they also are members of the body of Christ. By Baptism, they are our sisters and brothers in Christ.

Rito es una parte de la Iglesia Católica que tiene su propia liturgia, leyes y costumbres.

Muchos cristianos pertenecen a las iglesias protestantes. Algunos son episcopales, luteranos, presbiterianos, metodistas o bautistas. Hay otros cristianos que pertenecen a las iglesias ortodoxas. Juntos todos somos hermanos en Cristo.

La Iglesia Católica es nuestro hogar en la familia de Dios. En la Iglesia Católica tenemos diferentes grupos. La mayoría de los católicos siguen el rito romano (o latino); otros siguen los ritos orientales. No importa a que rito pertenezcamos, todos los católicos estamos unidos bajo el liderazgo del papa.

Todos los católicos celebran los mismos siete sacramentos. Creemos en el mismo credo. Tenemos un amor especial a María a quien honramos como la madre de Jesús.

Jesús quiere que todos los cristianos estemos unidos en una Iglesia. El quiere que respetemos y amemos a todos nuestros hermanos en Cristo. La noche antes de morir Jesús rezó por sus discípulos: "Que todos sean uno".
Basado en Juan 17:21

Rezando en una Iglesia Ortodoxa rusa.

Hoy, muchos cristianos trabajan juntos para llevar esta unidad al cuerpo de Cristo.

A **Rite** is a part of the Catholic Church that has its own liturgy, laws, and customs.

Many Christians belong to Protestant churches. Some of these are the Episcopal, Lutheran, Presbyterian, Methodist, and Baptist churches. There are other Christians who belong to the Orthodox churches. Together we are all brothers and sisters in Christ.

In the Catholic Church we have a number of different groups. Most Catholics follow the Roman (or Latin) Rite; others follow one of the Eastern Rites. No matter which Rite we belong to, all Catholics are united under the leadership of the pope.

All Catholics celebrate the same seven sacraments. We know and believe the same creed. We have a special love for Mary, whom we honor as the mother of Jesus.

Jesus wants all Christians to be united in one Church. He wants us to respect and love all our brothers and sisters in Christ. On the night before He died, Jesus prayed for His disciples, "May they all be one."
From John 17:21

Today, many Christians are working together to bring about this unity in the body of Christ.

Eastern Rite wedding ceremony

Acercandote a la Fe

¿Cómo puedes aprender acerca de las diferentes iglesias y otros lugares de adoración en tu vecindario?

He aquí una idea. Quizás tu catequista puede ayudarte a planificar una visita a una sinagoga o a una iglesia protestante.

Puedes tomar nota de lo que es similar y lo diferente acerca de esas casas de oración.

Viviendo la Fe

Juntos imaginen como pueden trabajar por la unidad entre los cristianos y el respeto a la gente de otras religiones.

Quizás puedes preguntar si hay un grupo de niños de tercer curso en la iglesia protestante. Invítalos a compartir un juego y a rezar contigo.

† Reúnanse en un círculo para orar. Cierren los ojos y escuchen la lectura de la oración de Jesús en la página 230. Después de un momento de silencio, terminen cantando una canción al Espíritu Santo.

Coming to Faith

How can you learn more about the different churches or other places of worship in your neighborhood?

Here's an idea. Maybe your teacher could help you arrange a visit to a synagogue or Protestant church.

You could take notes and discuss what is the same and what is different about these other houses of prayer.

The Jewish Feast of Succoth

Burmese woman at prayer

The Dalai Lama

Practicing Faith

Together imagine how you and your friends will work for unity among all Christians and respect for people of all religions.

Perhaps you could discover whether there is a third grade group in a local Protestant church. Invite them to share fun and prayer with you.

† Now gather as a group in a prayer circle. Close your eyes and listen again as one person reads Jesus' prayer from page 231. After a few moments of quiet, end by saying, "Holy Spirit, help us to live at peace with all people."

REPASO

Encierra en un círculo la **V** cuando sea **verdadero** y la **F** cuando sea **falso**.
Encierra el signo **?** si no estás seguro.

1. Todos los católicos seguimos el mismo rito.   V   F   ?

2. Jesús nació de una familia judía.   V   F   ?

3. Todos los cristianos son hermanos en   V   F   ?
    Jesucristo.

4. La Iglesia Católica desanima la unidad entre   V   F   ?
    los diferentes grupos cristianos.

5. ¿Qué harás para mostrar que respetas a la gente
    de diferentes religiones?

_____

_____

_____

EN EL HOGAR Y EN LA PARROQUIA

En esta lección los niños aprendieron que el amor de Dios es universal. Como católicos debemos respetar el derecho de otras personas a alabar a Dios en su propia forma. Nuestra convicción del amor de Dios por todos demanda que los respetemos. Este respeto no disminuye el gran tesoro, la unicidad que tenemos en la verdad de nuestra Iglesia Católica. Se le ha pedido a los niños rezar y trabajar por la unidad entre las iglesias cristianas, con espíritu ecuménico, como lo pide la Iglesia. Discutan formas en que la familia puede ayudar en este movimiento:

- aprendiendo y respetando las formas en que otros cristianos alaban a Dios

- rezando diariamente por la unidad cristiana.

Resumen de la fe

- Por los judíos hemos recibido nuestra creencia en un solo Dios.

- Todos los cristianos somos hermanos en Jesucristo.

- La Iglesia Católica trabaja por la unidad entre todos los cristianos.

REVIEW • TEST

Circle **T** for **True** or **F** for **False**.
Circle **?** if you are not sure.

1. All Catholics follow the same Rite.   T   F   ?

2. Jesus was born into a Jewish family.   T   F   ?

3. All Christians are our brothers and sisters in Jesus Christ.   T   F   ?

4. The Catholic Church discourages unity among all Christian groups.   T   F   ?

5. What would you do to show that you respect people of different religions?

_____

_____

_____

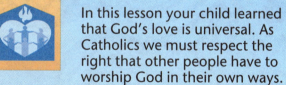 AT HOME AND IN THE PARISH

In this lesson your child learned that God's love is universal. As Catholics we must respect the right that other people have to worship God in their own ways. Our conviction concerning God's love for all people demands that we give them such respect. This respect does not diminish the great treasure, the uniqueness of truth we have in the Catholic Church. Your child has also been asked to pray and work for unity among the Christian churches as encouraged by the Church's teaching on ecumenism. Discuss ways your family can help this movement by:

- learning about and respecting the ways in which other Christians worship God

- praying daily for Christian unity.

Faith Summary

- Through the Jewish people, we received our belief in the true God.

- All Christians are our sisters and brothers in Christ.

- The Catholic Church works for unity among all Christians.

235

María, Madre de la Iglesia

Santa María,
madre de Dios,
ruega por
nosotros.

NUESTRA VIDA

En 1521 una bella señora se apareció a
Juan Diego, un pobre indio azteca en
México. Era María, la madre de Jesús,
quien pidió a Juan Diego decir al
pueblo mexicano lo mucho que ella y su
hijo, Jesús, le amaban. Juan Diego corrió y
dijo al obispo lo que había pasado, pero
el obispo pidió una señal.

Juan Diego retornó al lugar donde María
se le apareció. Encontró rosales florecidos
en el frío invierno. María le dijo que
tomara algunas rosas en su capa y las
llevara al obispo.

Cuando Juan Diego abrió su capa para
entregar las rosas al obispo estas cayeron
al suelo, pero en su capa el obispo vio la
imagen de la hermosa señora que Juan
Diego había estado viendo. Esta es
llamada Nuestra Señora de Guadalupe.

Imagina que María se te aparece como lo
hizo a Juan Diego. ¿Qué crees que ella te
pediría hacer?

COMPARTIENDO LA VIDA

Con tus amigos, dramaticen la historia de
Nuestra Señora de Guadalupe.

Juntos compartan lo que saben de María,
la Madre de Dios.

Aparición de la Virgen de Guadalupe a Juan Diego, 1521.
Fresco mexicano, 1756

25 Mary, Mother of the Church

Holy Mary,
Mother of God,
pray for us.

Our Life

In 1521 a beautiful lady appeared to
Juan Diego, a poor Aztec Indian in
Mexico. It was Mary, the mother of Jesus.
She asked Juan to tell the Mexican people
how much she and her son, Jesus, loved
them. Juan ran and told the bishop what
had happened, but the bishop asked for
a sign.

Juan returned to the place where Mary
had appeared. There he found roses
blooming in the cold winter air. He
gathered them in his cloak and ran back
to the bishop.

As Juan unfolded his cloak, the roses fell
out. But there, on his cloak, the bishop
saw a picture of the beautiful lady Juan
had seen! We call her Our Lady of
Guadalupe.

Imagine Mary appearing to you
as she did to Juan Diego.
What might she ask you to do?

Sharing Life

With your friends, act out the
story of Our Lady of Guadalupe.

Then share what you already know
about Mary, the Mother of God.

237

María, nuestra madre

Los católicos honran de manera especial a la santísima virgen María.

María fue elegida para ser la madre de Jesús, el Hijo de Dios. Por eso Dios dio a María el privilegio de ser concebida sin pecado original, primer pecado de la raza humana que afecta a todo el mundo. Llamamos a este privilegio inmaculada concepción de María.

Cuando Dios pidió a María ser la madre de Jesús, nuestro Salvador, ella pudo negarse. Sin embargo, María dijo sí a Dios. Ella sabía que sería difícil, pero confió en que Dios la ayudaría. Recordamos este hecho en la fiesta de la anunciación.

Cuando Jesús dejó su casa para empezar su misión, María algunas veces fue a escucharle predicar la buena nueva del amor de Dios.

María estuvo con Jesús cuando murió en la cruz. Desde la cruz Jesús miró con gran amor a su madre María y a su discípulo Juan. Jesús dijo a María: "Ahí tienes a tu hijo" y a Juan: "Ahí tienes a tu madre".
Basado en Juan 19:26, 27

Desde ese momento María se convirtió en la madre de todos los discípulos. Ella es también nuestra madre.

Mary, Our Mother

Catholics give special honor to the Blessed Virgin Mary.

Mary was chosen to be the mother of Jesus, the Son of God. Because of this, God gave Mary the privilege of being free of original sin, the first sin of the human race that affects all people. We call this privilege Mary's immaculate conception.

When God asked Mary to be the mother of Jesus, our Savior, she could have refused. Instead, Mary said yes to God. She knew it would be hard, but she trusted that God would help her. We remember this on the feast of the Annunciation.

When Jesus left home to begin His great mission, Mary sometimes went to hear Him preach the good news of God's love.

Mary was with Jesus when He was put to death on the cross. From His cross, Jesus looked down with great love at His mother, Mary, and at His disciple John. Jesus said to Mary, "Here is your son," and to John He said, "Here is your mother."
From John 19:26, 27

From that moment Mary became the mother of all Jesus' disciples. She is our mother now, too.

VOCABULARIO

Inmaculada concepción es el privilegio de María de ser concebida sin pecado original.

Después que Jesús ascendió a los cielos, María consoló a los primeros cristianos.

Al final de su vida María, la madre de Dios, fue subida en cuerpo y alma al cielo, para estar feliz con Dios para siempre. A este hecho lo llamamos la asunción de María al cielo.

María sigue consolando y rezando por nosotros. Amamos a María como nuestra madre y la madre de la Iglesia. Es por eso que la Iglesia honra a María con días de fiestas especiales.

Fiestas marianas

Enero primero	María, Madre de Dios
25 de marzo	La Anunciación
31 de mayo	La Visitación
15 de agosto	La Asunción
8 de septiembre	El Nacimiento de María
8 de diciembre	Inmaculada Concepción
12 de diciembre	Nuestra Señora de Guadalupe

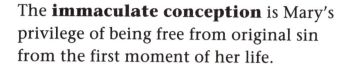

The **immaculate conception** is Mary's privilege of being free from original sin from the first moment of her life.

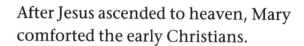

After Jesus ascended to heaven, Mary comforted the early Christians.

At the end of her life Mary, the Mother of God, was taken, body and soul, into heaven to be happy with God forever. We call this the assumption of Mary into heaven.

Mary still comforts and prays for us today. We love Mary as our mother and the Mother of the Church. That is why the Church honors Mary with special feast days.

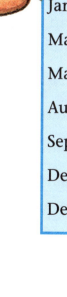

Mary's Feast Days	
January 1	Mary, Mother of God
March 25	The Annunciation
May 31	The Visitation
August 15	The Assumption
September 8	The Birth of Mary
December 8	Immaculate Conception
December 12	Our Lady of Guadalupe

Acercandote a la Fe

¿Cómo te sientes al saber que María es nuestra madre en el cielo?

Haz un folleto "Honrando a María". Usa una página para cada fiesta. Escribe el nombre de la fiesta. Dibuja o pega una foto de lo que se celebra acerca de María en ese día. Luego escribe una oración a María para ese día.

Planifica la primera página de tu folleto aquí.

Oración _____

_____

_____

_____

Viviendo la Fe

✝ Reúnanse alrededor de una estatua o cuadro de María. Pongan a tocar música suave. Elijan a los que van a leer las líneas de la letanía. Todos responden: "Ruega por nosotros".

María, Madre de Dios,	ruega por nosotros.
María, libre de todo pecado,	ruega por nosotros.
María, siempre fiel,	ruega por nosotros.
María, Madre de la Iglesia,	ruega por nosotros.
María, nuestra madre,	ruega por nosotros.
Santa María…	

COMING TO FAITH

How do you feel knowing that Mary is your mother in heaven?

Make an "Honor Mary" booklet. Use one page for each feast day. Print the name of the feast day. Draw or paste a picture of what we celebrate about Mary on that day. Then write your own prayer to Mary for that feast.

Plan the first page of your booklet here.

Prayer _____

_____

_____

_____

PRACTICING FAITH

† Gather together around a statue or picture of Mary. Play quiet music in the background. Choose those who will take each line of the litany. All respond, "Pray for us."

Mary, Mother of God,	pray for us.
Mary, free from all sin,	pray for us.
Mary, always faithful,	pray for us.
Mary, Mother of the Church,	pray for us.
Mary, our mother,	pray for us.
Hail Mary	

243

REPASO

Usa las siguientes palabras para completar las oraciones:

inmaculada concepción   madre   pecado original   Dios

1. Honramos a María porque es la Madre de _____.

2. Llamamos a María _____ de la Iglesia.

3. _____ _____ es el primer pecado de la raza humana que afecta a las personas.

4. El privilegio de María nacer sin pecado original es llamado

_____ _____.

5. Di como honrarás a María esta semana.

_____

_____

EN EL HOGAR Y EN LA PARROQUIA

En esta lección los niños aprendieron que la santísima virgen María es especial para los católicos. Su niño necesita aprender verdaderas devociones a María en su familia. Necesita aprender de los mayores lo importante que es María para la espiritualidad católica. Honramos a María como la Madre de Dios y nuestra madre. También la reconocemos como el primer y más fiel discípulo de Jesús, porque por ella el Verbo se hizo carne.

Honor a María como madre

Hable con su familia acerca del importante papel de María en la Sagrada Familia. Anime a los miembros de la familia a compartir sus sentimientos acerca de María como madre amorosa. Luego hagan una oración o canten una canción a María. Pidan a María, la madre de Jesús y nuestra madre, rezar por su familia y todas las familias del mundo.

Resumen de la fe

- María, madre de Dios, es también nuestra madre.

- María es la Madre de la Iglesia.

- Los católicos tienen especial devoción por María.

REVIEW • TEST

Use these words to complete the sentences.

immaculate conception   Mother   original sin   God

1. We honor Mary because she is the Mother of _____.

2. We call Mary the _____ of the Church.

3. _____ _____ is the first sin of the human race that affects all people.

4. We call Mary's privilege of being born free of original sin the

_____ _____.

5. Tell what you will do to honor Mary this week.

_____

_____

FAITH ALIVE AT HOME AND IN THE PARISH

In this lesson your child learned why the Blessed Virgin Mary is so special to Catholics. Your child needs to learn true devotion to Mary from you and your family. He or she needs to learn from you how important Mary is to our Catholic spirituality. We honor Mary as the Mother of God and as our mother, too. We also regard her as the first and foremost disciple of Jesus, because through her the Word became flesh.

Honoring Mary as Mother

Talk with your family about the important part Mary played in the Holy Family. Encourage family members to share their feelings about Mary as a loving mother. Then say a prayer or sing a hymn to Mary together. Ask Mary, the mother of Jesus and our mother, to pray for your family and families all over the world.

Faith Summary

• Mary, Mother of God, is our mother, too.

• Mary is the Mother of the Church.

• Catholics have a special devotion to Mary.

26 Somos la Iglesia

Jesús,
ayúdanos
a vivir
en paz.

NUESTRA VIDA

Nuestra Iglesia es algo más que un lugar
para rezar en silencio.
Es gente ayudándose una a otra
con amor y preocupación.

Para alabar, ayudar y servir
nuestra parroquia muestra la forma
de compartir el trabajo de Jesús
cada día.

Nombra algunas personas en tu
parroquia que hacen el trabajo de Jesús.
No te olvides de ti mismo.

COMPARTIENDO LA VIDA

Explica lo que tú y tus amigos han hecho
este año para mostrar que:
• aman a Dios y a los demás.
• trabajan por la paz.

¿Por qué es difícil trabajar por la paz?

¿Cómo vas a tratar de seguir creciendo
en la fe?

Our Life

Our Church is more than just a place
For praying silent prayer—
It's people helping people
With love and constant care.

For worship, help, and serving,
Our parish shows the way—
To share the work of Jesus
Each and every day.

Name some of the people in your parish who do the work of Jesus. Don't forget yourself!

Sharing Life

Tell what you and your friends have done this year to show
- you love God and others.
- you are peacemakers.

Why is it sometimes difficult to be a peacemaker?

How will you try to keep growing in your faith?

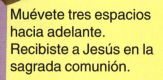

La Iglesia es el pueblo de Dios

Hemos aprendido que la Iglesia es el pueblo de Dios. Es una comunidad de alabanza. Todos tenemos que trabajar en la construcción de esa comunidad y llevar la buena nueva de Jesús del reino de Dios a otros.

Muévete tres espacios hacia adelante.
Recibiste a Jesús en la sagrada comunión.

Move 3 spaces ahead.
You received Jesus in Holy Communion.

El juego **"¿quién es quien?"** te ayudará a recordar algunas formas en que la gente hace esto.

1. Corta 13 tiras de papel. Copia en cada tira el nombre de una persona en el cuadro.

2. En la parte atrás del papel escribe lo que la persona hace. Coloca las tiras en una caja.

3. Elige un compañero. Túrnense para sacar las tiras. Lean el nombre de la persona y pide al compañero decir lo que hace esa persona.

4. Usa marcadores para mover un espacio hacia adelante en el cartón de juego por cada respuesta correcta.

Muévete dos espacios hacia atrás.
Fuiste injusto con un amigo.

Move 2 spaces back.
You were unfair to a friend.

Muévete dos espacios hacia el frente.
Ayudaste a dos amigos a hacer las paces después de una pelea.

Move ahead 2 spaces.
You helped make peace between friends who were fighting.

OUR CATHOLIC FAITH

The Church, the People of God

We have learned that the Church is God's own people. It is a worshiping and caring community. We all have a part to play in building up this community and in bringing Jesus' news of God's kingdom to others.

The game **"Who's Who?"** will help you remember some ways people do this.

1. Cut out 13 strips of paper. Copy on each strip the name of a person from the chart.

2. On the other side of the strip, write what that person does. Place the strips in a box.

3. Choose a partner. Take turns drawing a strip. Read the person's name and ask your partner to tell what that person does.

4. Use markers and move up a space on the game board for each correct answer.

Muévete dos espacio hacia delante.
Fuiste amable con un compañero de clases.

Move ahead 2 spaces.
You were kind to a classmate.

¿Quién es quien?

Nombre	Que hace
papa	dirige a toda la Iglesia Católica
obispo	dirige una diócesis
sacerdotes	ministros ordenados que sirven en la Iglesia
diáconos	ministros ordenados que ayudan en la parroquia
ministro eucarístico	da la Sagrada Comunión, especialmente a los enfermos
lectores	lee de la Biblia durante la misa
acólitos	ayudan al sacerdote en la misa
director de educación religiosa	dirige el programa de educación religiosa de la parroquia
director de Escuela de religión	dirige la escuela católica
religiosas	mujeres que viven en comunidad para servir a Dios y a su pueblo
religiosos	hombres que viven en comunidad para servir a Dios y a su pueblo
ministros pastorales	trabajadores parroquiales que ayudan a llevar la misión de Jesús
trabajadores por la paz y la justicia	ayudan a la parroquia a trabajar por el reino de justicia y paz de Dios

Who's Who?

Name of Person	What Person Does
pope	the leader of the whole Catholic Church
bishop	the leader of a diocese
priests	ordained ministers who lead and serve us in the Church
deacons	ordained ministers who help with parish work
eucharistic ministers	bring us Holy Communion, especially to the sick
lectors	read to us from the Bible during Mass
altar servers	help the priest at Mass
director of religious education	directs our parish religious education program
Catholic school principal	the leader of our Catholic school
religious sisters	women in religious communities who serve God and others
religious brothers	men in religious communities who serve God and others
pastoral ministers	parish workers who help carry on the mission of Jesus
justice and peace workers	help our parish to work for God's kingdom of justice and peace

ACERCANDOTE A LA FE

Trabajen para preparar "Mi libro de fe católica" en las páginas 277–280.
Repasa lo que has aprendido este año acerca de:
- lo que creemos y celebramos.
- las formas en que rezamos y vivimos.
- las formas en que servimos a otros.

VIVIENDO LA FE

Elige como vivirás tu fe durante las vacaciones.

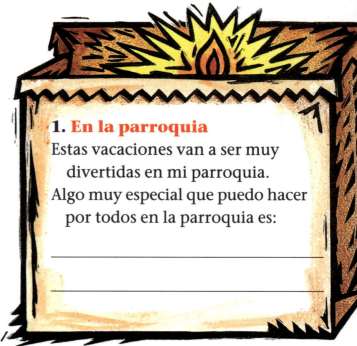

1. En la parroquia

Estas vacaciones van a ser muy divertidas en mi parroquia.
Algo muy especial que puedo hacer por todos en la parroquia es:

_____

_____

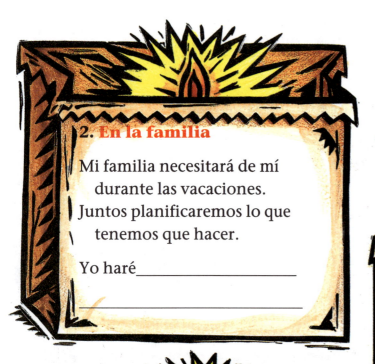

2. En la familia

Mi familia necesitará de mí durante las vacaciones.
Juntos planificaremos lo que tenemos que hacer.

Yo haré_____

_____

3. Por el pueblo de Dios

Todos somos parte de la familia de Jesús y amamos a todo el mundo.
Una cosa que podemos hacer para mostrar que nos preocupamos es:

_____

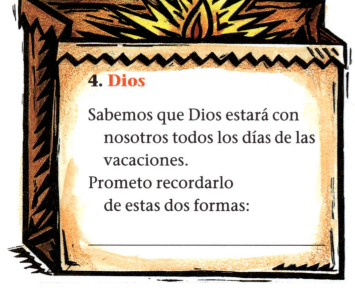

4. Dios

Sabemos que Dios estará con nosotros todos los días de las vacaciones.
Prometo recordarlo de estas dos formas:

COMING TO FAITH

Work together to make your "Catholic Faith Book" on pages 281–284.
Talk over what you have learned this year about:
- what we believe and celebrate.
- the ways we pray and live.
- the ways we serve others.

PRACTICING FAITH

Sing how you will live your faith
during vacation time.
(To the tune of "Clementine")

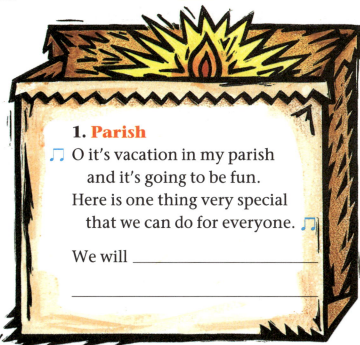

1. Parish
♫ O it's vacation in my parish
    and it's going to be fun.
Here is one thing very special
    that we can do for everyone. ♫

We will _____

_____

2. Family
♫ O my family this vacation
    will be needing my help,
    too.
So when we are all together,
    here is what I plan to do. ♫

I will _____

_____

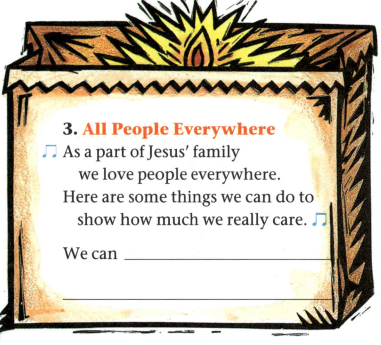

3. All People Everywhere
♫ As a part of Jesus' family
    we love people everywhere.
Here are some things we can do to
    show how much we really care. ♫

We can _____

_____

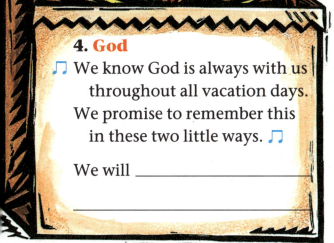

4. God
♫ We know God is always with us
    throughout all vacation days.
We promise to remember this
    in these two little ways. ♫

We will _____

_____

REPASO

Completa las siguientes oraciones:

1. Ministros ordenados que ayudan a la parroquia en su trabajo son

_____ .

2. Los _____

leen las lecturas de la Biblia en la misa.

3. _____

son mujeres que viven en comunidades para servir a Dios y a los demás.

4. Las personas que llevan la comunión a los enfermos son llamadas

_____ .

5. ¿Qué puedes hacer esta semana para mostrar a una persona en tu parroquia que realmente te preocupas por ella?

_____

_____

_____

FE VIVA

EN EL HOGAR Y EN LA PARROQUIA

Esta lección ayuda a los niños a recordar lo aprendido acerca de Jesús durante el año, la Iglesia y cómo tenemos que vivir como discípulos de Jesucristo. Para que su niño siga creciendo en la fe es importante que la familia tome parte activa en la comunidad parroquial y dé buen ejemplo de lo que significa pertenecer a la Iglesia.

✝ Oración en familia

En familia recen el rosario dando gracias a Dios por las bendiciones que han recibido este año. Recuerde a su niño que al rezar cada decena del rosario, pensamos en un evento (misterio) especial en la vida de Jesús o María.

Resumen de la fe

- Nuestra Iglesia es una comunidad que alaba y se preocupa.

- Tenemos que trabajar en la construcción de nuestra comunidad eclesiástica y llevar la buena nueva de Jesús a otros.

REVIEW · TEST

Complete the sentences below.

1. Ordained ministers who help with parish work are

_____.

2. Persons who read to us from the Bible during Mass are called

_____.

3. Women in religious communities who serve God and others are

_____.

4. Persons who bring Holy Communion to sick members of the parish are

_____.

5. What can you do this week to show one person in your parish that you really care for her or him?

_____

_____

_____

FAITH ALIVE AT HOME AND IN THE PARISH

This lesson helped your child to recall what was learned this year about Jesus, the Church, and the ways we are to live as disciples of Jesus Christ. For your child to grow in faith, it is important that your family take an active part in your parish community and give good example of what it means to belong to the Church.

† Family Prayer

As a family, pray the rosary to thank God for all the blessings you have received this year. Remind your child that while praying each decade of the rosary, we think about a special event (or mystery) in the life of Jesus or Mary.

Faith Summary

- Our Church is a worshiping and caring community.
- We all have a part in building up our Church community and bringing Jesus' good news to others.

REVISION DE LA PRIMERA UNIDAD

Mi parroquia, mi familia y yo

Jesús está con nosotros siempre y es nuestro amigo. Por el Bautismo nos hacemos discípulos de Jesús. Vivimos como amigos de Jesús cuando nos preocupamos unos por los otros en nuestra familia y en nuestra comunidad.

Jesús llama a sus discípulos

Jesús reunió a sus seguidores, o discípulos, para que le ayudaran a llevar su misión. El les enseñó a amar a Dios, a los demás y a ellos mismos. Jesús nos pide rezar y trabajar por la paz. Jesús murió en la cruz por nosotros. El resucitó el Domingo de Resurrección para darnos nueva vida.

Inicio de la Iglesia

Jesús prometió enviar a un consolador. En Pentecostés, el Espíritu Santo vino. Dios, el Espíritu Santo, dio valor a los discípulos para compartir la buena nueva. Primero recibimos el don del Espíritu Santo durante el Bautismo, luego de manera especial cuando nos confirmamos.

La Iglesia hoy

Jesús escogió a Pedro y a otros apóstoles como personas especiales en su Iglesia. Hoy, el papa y los obispos continúan el trabajo de los apóstoles. Cada uno de nosotros tiene un trabajo especial que hacer en la Iglesia para llevar la misión de Jesús.

Nuestra parroquia

Una parroquia es un grupo de amigos de Jesús que juntos alaban a Dios y se preocupan unos por otros. Nuestra parroquia es nuestro hogar especial en la Iglesia, el cuerpo de Cristo. Rezamos y alabamos a Dios en nuestra parroquia.

UNIT 1 • REVIEW

Parish, Family, and Me

Jesus is with us always and is our friend. Through Baptism we become disciples of Jesus. We live as Jesus' friends when we care for one another in our family and in our community.

Jesus Calls His Followers

Jesus gathered followers, or disciples, to help carry on His mission. He taught them to love God, others and themselves. Jesus asks us to pray and to be peacemakers. Jesus died on the cross for us. He rose on Easter Sunday to bring us new life.

The Church Begins

Jesus promised to send a helper. On Pentecost, the Holy Spirit came. God the Holy Spirit gave the disciples courage to share the good news. We first receive the gift of the Holy Spirit at Baptism, then in a special way at Confirmation.

The Church Today

Jesus chose Peter and the other apostles as special leaders in His Church. Today, the pope and bishops continue the work of the apostles. Each of us has a special part to play in the Church to carry on the mission of Jesus.

Our Parish Church

A parish is a group of Jesus' friends who worship God together and care for one another. Our parish is our special home in the Church, the body of Christ. We pray and we worship God in our parish church.

PRUEBA PARA LA PRIMERA UNIDAD

Llena el espacio en blanco.

1. Por medio del bautismo nos hacemos _____ de Jesús.

2. Jesús enseñó a sus discípulos a amar a Dios, _____,
y a ellos mismos.

3. El consolador enviado por Jesús en Pentecostés es el _____.

4. Nuestro hogar especial en la Iglesia Católica es _____.

5. ¿Qué harás para ser discípulo de Jesús?

_____

_____

_____

_____

Nombre_____

Su hijo ha completado la primera unidad de este curso. Pídale entregar esta página al catequista. Esto permitirá a usted y al catequista ayudar al niño a crecer en la fe.

_____ Mi hijo necesita ayuda en las partes señaladas.

_____ Mi hijo entiende todo lo enseñado en esta unidad.

_____ Me gustaría hablar con usted. Mi número de teléfono es

_____.

(Firma) _____

UNIT 1 ▪ TEST

Fill in the missing word or words.

1. Through baptism we become Jesus' _____ .

2. Jesus taught His disciples to love God, _____ , and themselves.

3. The helper sent by Jesus on Pentecost is _____ .

4. Our special home in the Church is called the _____ .

5. What will you do to be a disciple of Jesus?

_____

_____

_____

_____

Child's name_____

Your child has just completed Unit 1. Mark and return this checklist to the teacher. It will help both you and the teacher know how to help your child to grow in faith.

_____ My child needs help with the part of the Review I have underlined.

_____ My child understands what has been taught in this unit.

_____ I would like to speak with you. My phone number is

_____ .

(Signature) _____

Nuestra parroquia reza

Orar es hablar y escuchar a Dios. Rezamos a María y a otros santos. Rezamos por todos los vivos y los muertos. Todos estamos unidos a la Iglesia por el Bautismo.

Nuestra parroquia rinde culto

Alabamos a Dios con los siete sacramentos. Los sacramentos de iniciación nos dan la bienvenida a la comunidad de la Iglesia. Los sacramentos de sanación y de servicio nos ayudan a amar y a servir a otros.

Nuestra parroquia celebra el perdón

Algunas veces no amamos a Dios y a los demás como Jesús quiere que amemos. Pecamos al elegir libremente hacer lo que sabemos está mal; desobedecemos la ley de Dios a propósito. Dios nos perdona en el sacramento de la Reconciliación. Jesús quiere que perdonemos a los demás como hemos sido perdonados.

Nuestra parroquia se prepara para la misa

La misa es nuestra mayor oración de alabanza y acción de gracias a Dios. En la misa Jesús nos da el regalo de sí mismo para ser nuestro alimento. Todos tenemos un trabajo que hacer en la misa.

Nuestra parroquia celebra la misa

Nuestra familia parroquial se reúne para la celebración de la misa. En la Liturgia de la Palabra, escuchamos a Dios. En la Liturgia de la Eucaristía, nuestros regalos de pan y vino se convierten en el Cuerpo y la Sangre de Cristo. Al final de la misa vamos en paz a amar y a servir a otros.

UNIT 2 · REVIEW

Our Parish Prays

Prayer is talking and listening to God. We pray to Mary and to the other saints. We pray for all the living and the dead. We are all united in our Church by Baptism.

Our Parish Worships

We worship God through the seven sacraments. The sacraments of initiation welcome us into the Church community. The sacraments of healing and service help us to love and serve one another.

Our Parish Celebrates Forgiveness

Sometimes we do not love God and others as Jesus wants us to love them. We sin by freely choosing to do what we know is wrong; we disobey God's law on purpose. God forgives us in the sacrament of Reconciliation. Jesus wants us to forgive others as we have been forgiven.

Our Parish Prepares for Mass

The Mass is our greatest prayer of praise and thanks to God. At Mass, Jesus gives us the gift of Himself to be our food. We each have a part to play in the Mass.

Our Parish Celebrates the Mass

Our parish family gathers for the celebration of the Mass. In the Liturgy of the Word, we listen to God. In the Liturgy of the Eucharist, our gifts of bread and wine become the Body and Blood of Christ. At the end of Mass we go in peace to love and serve others.

PRUEBA PARA LA SEGUNDA UNIDAD

Completa.

1. Nos hacemos miembros de la Iglesia con el sacramento de el

_____.

2. Cuando libremente decidimos desobedecer la ley de Dios, _____.

3. En la Liturgia de la _____, escuchamos las lecturas de la Biblia.

4. Los _____ son señales poderosas con las que Jesús comparte la vida y el amor de Dios con nosotros.

5. ¿Cómo participarás más de lleno en la misa?

_____

_____

_____

_____

Nombre_____

Su hijo ha completado la segunda unidad de este curso. Pídale entregar esta página al catequista. Esto permitirá a usted y al catequista ayudar al niño a crecer en la fe.

_____ Mi hijo necesita ayuda en las partes señaladas.

_____ Mi hijo entiende todo lo enseñado en esta unidad.

_____ Me gustaría hablar con usted. Mi número de teléfono es

_____.

(Firma) _____

UNIT 2 ▪ TEST

Fill in the missing word or words.

1. We are made members of the Church in the sacrament

of _____.

2. When we freely choose to disobey God's Law, we _____.

3. In the Liturgy of the _____, we listen to
readings from the Bible.

4. The _____ are powerful signs through which Jesus
shares God's life and love with us.

5. How can you take part in the Mass more fully?

_____

_____

_____

_____

Child's name_____

Your child has just completed Unit 2. Mark and
return this checklist to the teacher. It will help
both you and the teacher know how to help your
child to grow in faith.

____ My child needs help with the part of the
Review I have underlined.

____ My child understands what has been taught
in this unit.

____ I would like to speak with you. My phone
number is

_____.

(Signature) _____

REVISION DE LA TERCERA UNIDAD

Nuestra Iglesia y la Biblia

La Biblia es la historia del amor de Dios por nosotros. En el Antiguo Testamento leemos acerca de lo que Dios hizo por Abraham, Sara y sus descendientes. En el Nuevo Testamento leemos sobre la vida, muerte y resurrección de Cristo y su misión.

Nuestra Iglesia comparte la buena nueva

Los primeros cristianos llevaron la buena nueva del amor de Dios a todo el mundo. Hoy, misioneros llevan la buena nueva de Jesucristo por todo el mundo. Podemos ser misioneros en nuestro hogar, nuestra parroquia y nuestro vecindario.

Nuestra Iglesia como comunidad

El papa es la cabeza de toda la Iglesia Católica. Cada diócesis es dirigida por un obispo y cada parroquia por un párroco. Vocación es una invitación a servir de manera especial a Dios y a la Iglesia.

Nuestra Iglesia trabaja por justicia y paz

Jesús dio la bienvenida a todos en su comunidad de discípulos. Hoy la Iglesia Católica da la bienvenida a todos y defiende los derechos de los que son tratados injustamente.

Nuestra Iglesia y el reino

El reino de Dios, o reino, es el poder de la vida y el amor de Dios en el mundo. Somos llamados a ser señales del reino de Dios haciendo la voluntad de Dios.

UNIT 3 · REVIEW

Our Church and the Bible

The Bible is the story of God's love for us. In the Old Testament we read about what God did for Abraham and Sarah's descendants. The New Testament tells us about the life, death, and resurrection of Jesus and His mission.

Our Church Tells the Good News

The first Christians told the good news of God's love to everyone. Today, missionaries carry the good news of Jesus Christ all over the world. We can be missionaries in our home, our parish, and our neighborhood.

Our Church as a Community

The pope is the leader of the whole Catholic Church. Each diocese is led by a bishop, and each parish is led by a pastor. A vocation is an invitation to serve God and the Church in a special way.

Our Church Works for Justice and Peace

Jesus welcomed everyone into His community of disciples. Today the Catholic Church welcomes everyone and defends the rights of those who are treated unfairly.

Our Church and the Kingdom

God's kingdom, or reign, is the power of God's life and love in the world. We are all called to be signs of God's kingdom by doing His will.

PRUEBA PARA LA TERCERA UNIDAD

Completa las siguientes oraciones.

1. Un grupo de parroquias dirigidas por un obispo es

llamado _____.

2. Las personas que llevan la buena noticia por todos los países

del mundo son llamadas _____.

3. El _____ es la cabeza de toda la Iglesia Católica.

4. _____ es una invitación a servir de manera

especial en la Iglesia.

5. ¿Qué puedes hacer para construir el reino de Dios en tu parroquia?

_____

_____

Nombre_____

Su hijo ha completado la primera unidad de este curso. Pídale entregar esta página al catequista. Esto permitirá a usted y al catequista ayudar al niño a crecer en la fe.

____ Mi hijo necesita ayuda en las partes señaladas.

____ Mi hijo entiende todo lo enseñado en esta unidad.

____ Me gustaría hablar con usted. Mi número de teléfono es

_____.

(Firma) _____

UNIT 3 · TEST

Complete each of the sentences below.

1. A group of Catholic parishes led by a bishop is called

a _____.

2. People who bring the good news to others in countries all over the

world are called _____.

3. The leader of the Church is the _____.

4. An invitation to serve God and the Church in a special way

is called a _____.

5. What can you do to build up God's kingdom in your parish?

_____

_____

Child's name_____

Your child has just completed Unit 3. Mark and return this checklist to the teacher. It will help both you and the teacher know how to help your child to grow in faith.

____ My child needs help with the part of the Review I have underlined.

____ My child understands what has been taught in this unit.

____ I would like to speak with you. My phone number is

_____.

(Signature) _____

REVISION DE LA CUARTA UNIDAD

La Iglesia es una y santa

La Iglesia es una, santa, católica y apostólica. Ser una significa que estamos unidos en un solo amor y una sola fe. Nuestra Iglesia es santa. Ponemos a Dios primero en nuestras vidas como nos enseñó Jesús.

La Iglesia es católica y apostólica

Nuestra Iglesia es católica. Católica significa que todo el mundo es invitado a pertenecer a ella. Nuestra Iglesia es apostólica. Nuestro papa y los obispos continúan la misión que Jesús dio a los apóstoles. Como seguidores de Jesús, ayudamos a la Iglesia a mostrar a otros esas cuatro características.

Todos somos hijos de Dios

Dios quiere que amemos y respetemos a todo el mundo. Recibimos del pueblo judío nuestra creencia en un solo y verdadero Dios. Todos los cristianos son nuestros hermanos en Cristo. Trabajamos por la unidad entre los cristianos.

María, Madre de la Iglesia

María, Madre de Dios, es también nuestra madre. Ella es la madre de todos los cristianos. Celebramos muchas fiestas en su honor.

Somos la Iglesia

Nuestra Iglesia es el pueblo de Dios. Todos tenemos que trabajar para construir la Iglesia. Los sacramentos nos ayudan a crecer en la vida de Dios. Dios está siempre con nosotros.

UNIT 4 ▪ REVIEW

The Church Is One and Holy

The Church is one, holy, catholic, and apostolic. To be one means that we are united in one faith and love. Our Church is holy. We put God first when we live as Jesus taught us.

The Church Is Catholic and Apostolic

Our Church is catholic. Catholic means that all people are invited to belong to it. Our Church is apostolic. Our Pope and bishops carry on the mission Jesus gave to the apostles. As followers of Jesus, we help the Church show its four signs, or marks, to others.

We Are All God's People

God wants us to love and respect all people. Through the Jewish people, we received our belief in the one true God. All Christians are our sisters and brothers in Christ. We work for unity among all Christians.

Mary, Mother of the Church

Mary, Mother of God, is our mother, too. She is the Mother of all Christians. We celebrate many feast days to honor Mary.

We Are the Church

Our Church is the people of God. We all have a part to play in building up the Church. The sacraments help us to grow in God's life. God is always with us.

PRUEBA PARA LA CUARTA UNIDAD

Encierra en un círculo la letra al lado de la respuesta correcta.

1. Que la Iglesia es una significa que

    a. está unida en fe y amor.

    b. respeta a la gente de todas las religiones.

    c. es santa.

2. Que la Iglesia es apostólica significa que

    a. ponemos a Dios primero.

    b. llevamos la misión de Jesús.

    c. la Iglesia tiene cuatro características.

3. Debemos respetar a todo el mundo porque

    a. alabamos a Dios de la misma forma.

    b. todos somos cristianos.

    c. Dios creó a todo el mundo.

4. La inmaculada concepción de María significa que María

    a. dijo sí a Dios.

    b. fue concebida sin pecado original.

    c. visitó a su prima Isabel.

5. ¿Cómo vivirás como seguidor de Jesús?

_____

_____

_____

_____

_____

UNIT 4 • TEST

Circle the letter next to the correct answer.

1. The Church is one means that our Church
    a. is united in faith and love.
    b. respects people of all faiths.
    c. is holy.

2. The Church is apostolic means that
    a. we put God first.
    b. we carry out Jesus' mission.
    c. the Church has four signs or marks.

3. We should respect all people because
    a. we all worship God in the same way.
    b. we are all Christians.
    c. God created all people.

4. The immaculate conception of Mary means that
    a. Mary said yes to God.
    b. Mary was born free of original sin.
    c. Mary visited her cousin Elizabeth.

5. How will you live as a follower of Jesus?

_____

_____

_____

_____

Gloria

Gloria al Padre
y al Hijo
y al Espíritu Santo.
Como era en el principio, ahora y
siempre,
y por los siglos de los siglos. Amén.

Padre Nuestro

Padre nuestro, que estás en el cielo,
santificado sea tu Nombre;
venga a nosotros tu reino;
hágase tu voluntad en la tierra como en
el cielo.
Danos hoy nuestro pan de cada día;
perdona nuestras ofensas,
como también nosotros perdonamos a los
que nos ofenden;
no nos dejes caer en la tentación,
y líbranos del mal.

Acto de Contrición

Dios mío,
con todo mi corazón me arrepiento
de todo el mal que he hecho y de todo lo
bueno que he dejado de hacer.
Al pecar, te he ofendido a ti,
que eres el supremo bien
y digno de ser amado sobre todas las
cosas.
Propongo firmemente, con la ayuda de tu
gracia,
hacer penitencia, no volver a pecar y huir
de las ocasiones de pecado.
Señor, por los méritos de la pasión de
nuestro Salvador Jesucristo,
apiádate de mí. Amén.

Ave María

Dios te salve María, llena eres de gracia;
el Señor es contigo;
bendita tú eres entre todas las mujeres,
y bendito es el fruto de tu vientre, Jesús.
Santa María, Madre de Dios,
ruega por nosotros pecadores,
ahora y en la hora de nuestra muerte.
Amén.

Credo de los Apóstoles

Creo en Dios, Padre todopoderoso,
Creador del cielo y de la tierra.
Creo en Jesucristo, su único Hijo, nuestro
Señor,
que fue concebido por obra y gracia del
Espíritu Santo, nació de santa María
Virgen,
padeció bajo el poder de Poncio Pilato,
fue crucificado, muerto y sepultado,
descendió a los infiernos,
al tercer día resucitó de entre los muertos,
subió a los cielos
y está sentado a la derecha de Dios, Padre
todopoderoso.
Desde allí ha de venir a juzgar a vivos y
muertos.
Creo en el Espíritu Santo,
la santa Iglesia católica,
la comunión de los santos,
el perdón de los pecados,
la resurrección de la carne
y la vida eterna. Amén.

La Salve

Dios te salve, Reina y Madre de misericordia,
vida, dulzura y esperanza nuestra; Dios te salve.
A ti llamamos los desterrados hijos de Eva;
a ti suspiramos, gimiendo y llorando en este valle de lágrimas.
Ea, pues, Señora, abogada nuestra,
vuelve a nosotros esos tus ojos misericordiosos,
y después de este destierro,
muéstranos a Jesús, fruto bendito de tu vientre.
Oh clementísima, oh piadosa, oh dulce Virgen María.

Oración en la mañana

Dios de amor, te ofrezco este día todo lo que piense, diga o haga. Unido con lo que en la tierra hizo tu Hijo Jesucristo.

Oración para antes de las comidas

Bendice Señor, estos dones que vamos a recibir de tu generosidad, por Jesucristo nuestro Señor. Amén.

Oración para después de las comidas

Te doy gracias, Dios todopoderoso, por estos dones que hemos recibidos de tu generosidad, por Cristo nuestro Señor. Amén.

Oración por mi vocación

Dios de Amor;
tienes un amoroso plan para mí y nuestro mundo.
Deseo participar gozosa, fiel y completamente, en ese plan.

Ayúdame a entender lo que quieres haga de mi vida, a estar atento a las señales que me des para prepararme para el futuro.

Y cuando haya escuchado y entendido tu llamada, dame la fortaleza y la gracia para seguirla con generosidad y amor. Amén.

El vía crucis

1. Jesús es condenado a muerte.
2. Jesús carga con la cruz.
3. Jesús cae por primera vez.
4. Jesús encuentra a su madre.
5. Simón ayuda a Jesús a cargar con la cruz.
6. La Véronica enjuga el rostro de Jesús.
7. Jesús cae por segunda vez.
8. Jesús encuentra a las mujeres de Jerusalén.
9. Jesús cae por tercera vez.
10. Jesús es despojado de sus vestiduras.
11. Jesús es clavado en la cruz.
12. Jesús muere en la cruz.
13. Jesús es bajado de la cruz.
14. Jesús es dejado en la tumba.

Our Father

Our Father, who art in heaven,
hallowed be thy name;
thy kingdom come;
thy will be done on earth
as it is in heaven.
Give us this day our daily bread;
and forgive us our trespasses
as we forgive those
who trespass against us;
and lead us not into temptation,
but deliver us from evil. Amen.

Hail Mary

Hail Mary, full of grace,
the Lord is with you;
blessed are you among women,
and blessed is the fruit
of your womb, Jesus.
Holy Mary, Mother of God,
pray for us sinners now
and at the hour of our death. Amen.

Act of Contrition

My God,
I am sorry for my sins with all my heart.
In choosing to do wrong
and failing to do good,
I have sinned against you,
whom I should love above all things.
I firmly intend, with your help,
to do penance, to sin no more,
and to avoid whatever leads me to sin.
Our Savior Jesus Christ
suffered and died for us.
In his name, my God, have mercy.

Apostles' Creed

I believe in God,
the Father Almighty,
creator of heaven and earth.

I believe in Jesus Christ,
his only Son, our Lord.
He was conceived
by the power
of the Holy Spirit
and born of the Virgin Mary.
He suffered under Pontius
Pilate, was crucified,
died, and was buried.
He descended to the dead.
On the third day he rose again.
He ascended into heaven,
and is seated at the right hand
of the Father.
He will come again to judge
the living and the dead.

I believe in the Holy Spirit,
the holy catholic Church,
the communion of saints,
the forgiveness of sins,
the resurrection of the body,
and the life everlasting.
Amen.

Glory to the Father

Glory to the Father, and to the Son,
and to the Holy Spirit:
as it was in the beginning,
is now, and will be for ever. Amen.

Hail, Holy Queen

Hail, Holy Queen, Mother of Mercy;
hail, our life, our sweetness,
and our hope! To you do we cry,
poor banished children of Eve;
to you do we send up our sighs,
mourning and weeping in this vale of
tears.
Turn, then, most gracious advocate,
your eyes of mercy toward us;
and after this our exile, show unto us
the blessed fruit of your womb, Jesus,
O clement, O loving, O sweet Virgin
Mary!

Morning Offering

O loving God, I give you this day
All that I think and do and say,
Uniting it with what was done
On earth, by Jesus Christ, your Son.

Grace Before Meals

Bless us, O Lord,
and these your gifts,
which we are about to receive
from your bounty,
through Christ our Lord. Amen.

Grace After Meals

We give you thanks, almighty God,
for these and all your gifts
which we have received through
Christ our Lord. Amen.

Prayer for My Vocation

Dear God,
You have a great and loving plan
for our world and for me.
I wish to share in that plan fully,
faithfully, and joyfully.
Help me to understand what it is
you wish me to do with my life.
Help me to be attentive to the signs
that you give me about preparing
for the future.

And once I have heard and understood
your call, give me the strength
and the grace to follow it
with generosity and love. Amen.

The Stations of the Cross

1. Jesus is condemned to die.
2. Jesus takes up His cross.
3. Jesus falls the first time.
4. Jesus meets His Mother.
5. Simon helps Jesus carry His cross.
6. Veronica wipes the face of Jesus.
7. Jesus falls the second time.
8. Jesus meets the women of Jerusalem.
9. Jesus falls the third time.
10. Jesus is stripped of His garments.
11. Jesus is nailed to the cross.
12. Jesus dies on the cross.
13. Jesus is taken down from the cross.
14. Jesus is laid in the tomb.

ORACION FINAL

Un llamado a la oración (todos): En el nombre del Padre, del Hijo y del Espíritu Santo. Amén.

Catequista: Al terminar nuestro tercer curso, recordamos que hemos aprendido muchas cosas acerca de Jesús, su comunidad, la Iglesia y sobre nosotros mismos. Vamos a escuchar atentamente algunas de las cosas que Jesús nos enseñó.

Jesús: Les llamo mis amigos. Así como los he amado deben amarse unos a otros. Todos sabrán que son mis amigos si se aman unos a otros.
Basado en Juan 15:15 y Juan 13:34-35

CLOSING PRAYER SERVICE

Call to Prayer (All): In the name of the Father, and of the Son, and of the Holy Spirit. Amen.

Teacher: As we bring our third grade year to a close, we remember that we have learned many things about Jesus, about Jesus' community, the Church, and about ourselves. Let us listen carefully to some of the things Jesus has taught us.

Jesus: I call you friends. As I have loved you, so you must love one another. Everyone will know that you are my friends if you love one another.
From John 15:15 and John 13:34–35

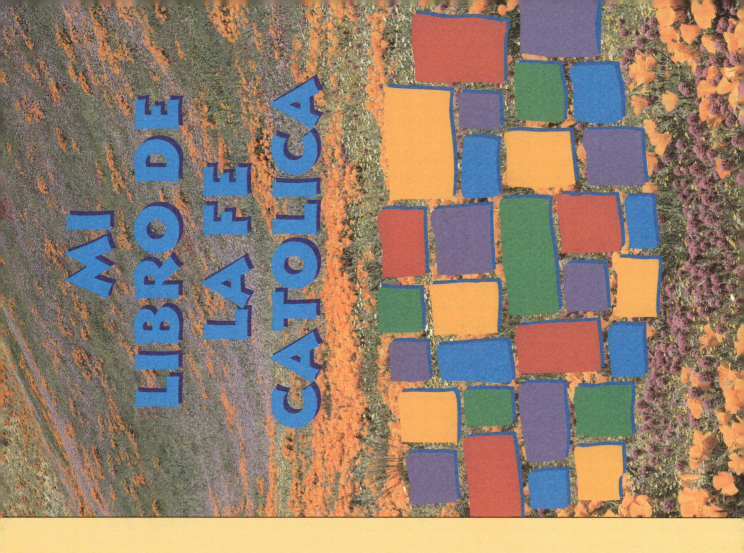

MI LIBRO DE LA FE CATÓLICA

Para la familia

Al terminar su niño o niña el tercer curso, celebramos con ustedes las formas en que el niño ha sido señal del reino de Dios. Ustedes han guiado al niño en su crecimiento en sabiduría y fe cristiana, incluyendo el amor por la Escritura. Durante este año, su niño ha aprendido y experimentado algunas verdades importantes de nuestra fe tal como son ofrecidas en el *Catecismo de la Iglesia Católica*, por ejemplo:

- **Credo:** Creemos en la Santísima Trinidad. Dios el Espíritu Santo, tercera Persona de la Santísima Trinidad, sigue ayudando a la Iglesia hoy. Creemos que la Iglesia es una, santa, católica y apostólica. El Espíritu Santo nos fortalece y nos da valor para decir y hacer lo correcto, como discípulos de Jesucristo.

- **Sacramentos:** Por el poder del Espíritu Santo, la Iglesia celebra siete sacramentos. Los sacramentos de iniciación son Bautismo, Confirmación y Eucaristía. Los sacramentos de sanación son Unción de los Enfermos y Reconciliación. Los sacramentos de servicio son Orden Sacerdotal y Matrimonio.

- **Moral:** Somos discípulos de Jesús porque seguimos sus enseñanzas y la Ley del Amor—amar a Dios, a los demás como a nosotros mismos.

- **Oración:** Cuando oramos alabamos a Dios, le damos gracias por su ayuda, le pedimos perdón cuando estamos arrepentidos de nuestros pecados. Rezamos solos o con nuestra comunidad parroquial, con nuestras propias palabras o en palabras enseñadas por Jesús o por la Iglesia.

Sigan animando al niño a ser una señal del reino de Dios, asistiendo a misa, cantando himnos, leyendo la Biblia y rezando juntos.

Oración en familia

✝ Dios de Amor, ayuda a nuestra familia a seguir creciendo en la fe cada día. Dios, ayúdanos mientras tratamos de decir y hacer las cosas correctas como discípulos de Jesucristo, tu Hijo. Amen.

Esto es lo que creemos . . .

C

Jesús está siempre con nosotros. Por el Bautismo nos hacemos discípulos de Jesús.

R

Jesús buscó a sus seguidores, o discípulos, para que le ayudaran a llevar su misión. Jesús eligió a Pedro y a otros apóstoles como dirigentes especiales de su Iglesia. Hoy, el papa y los obispos continúan el trabajo de los apóstoles.

E

Jesús murió en la cruz por amor a nosotros. Resucitó en Domingo de Resurrección para darnos nueva vida.

D

Jesús prometió enviar a un consolador. El Espíritu Santo apareció a los apóstoles en Pentecostés.

O

Dios Espíritu Santo continúa ayudando a la Iglesia hoy. El Espíritu Santo nos fortalece para vivir nuestra vida de fe. Nos da valor para decir y hacer lo correcto como discípulos de Jesús.

Jesús invita a todo el mundo a pertenecer a su comunidad. La Iglesia propaga la buena nueva de Jesús por todas partes. Somos llamados para hacer la voluntad de Dios—ser señales del reino de Dios.

Así es como rezamos . . .

O

Cuando rezamos alabamos a Dios, le damos gracias, le pedimos ayuda o perdón cuando estamos arrepentidos de nuestros pecados. Rezamos solos o con nuestra comunidad parroquial.

R

Rezamos con nuestras palabras o hacemos oraciones de la Iglesia, tales como el Gloria al Padre.

A

Rezamos con las palabras que Jesús nos enseñó cuando decimos el Padre Nuestro. Cuando decimos a Dios que estamos arrepentidos de nuestros pecados, rezamos un acto de contrición. Decimos lo que creemos como cristianos cuando rezamos el Credo.

C

I

Rezamos a María, la Madre de Dios, cuando rezamos el Ave María, el saludo del ángel a María. Recordamos los eventos de las vidas de Jesús y María cuando rezamos el rosario.

O

Pedimos a María y a otros santos rezar por nosotros. Recordamos rezar por los vivos y los muertos.

N

Así es como vivimos . . .

El Espíritu Santo nos guía y ayuda al tratar de vivir como amigos de Jesús. Somos discípulos de Jesús siguiendo sus enseñanzas en la Ley del Amor—amar a Dios, a los demás como a nosotros mismos.

M Nos preocupamos unos por otros en nuestra familia y nuestra comunidad. Rezamos y alabamos en la misa juntos. Al final de la misa somos enviados a amar y a servir a Dios y unos a otros.

O Tratamos de no pecar, de no desobedecer la ley de Dios a propósito. Perdonamos a los que nos ofenden de la misma manera que pedimos ser perdonados por aquellos a quienes hemos ofendido.

R Todos tenemos un importante papel que llevar a cabo en el reino de Dios. Tratamos de trabajar por la paz, como nos enseñó Jesús.

A

L

La Iglesia es una en Jesús. Somos uno porque estamos unidos en fe y el amor que nos tenemos.

La Iglesia es santa en Jesús. Somos santos porque compartimos la vida de Dios.

La Iglesia es católica en Jesús. Somos católicos porque damos la bienvenida a todo el mundo y llevamos la buena nueva a todas partes.

La Iglesia es apostólica en Jesús. Somos apostólicos porque seguimos fieles a la misión que Jesús dio a los apóstoles.

María es la Madre de Dios. También la llamamos Madre de la Iglesia y nuestra madre.

Esto es lo que celebramos . . .

Por el poder del Espíritu Santo, la Iglesia celebra siete sacramentos.

S Celebramos tres sacramentos de iniciación: Bautismo, Confirmación y Eucaristía.

A Celebramos la invitación de la Iglesia a ser sus miembros.

C En el Bautismo somos liberados del pecado, nos hacemos hijos de Dios y miembros de la Iglesia.

R En la Confirmación el Espíritu Santo viene a nosotros de manera especial para darnos el valor de vivir como discípulos de Jesús.

A En la Eucaristía el pan y el vino se convierten en el Cuerpo y la Sangre de Cristo en la misa. Jesús está realmente presente en la Eucaristía. Recibimos a Jesús mismo en la Sagrada Comunión.

M Celebramos dos sacramentos de sanación; Reconciliación y Unción de los Enfermos.

E En la Reconciliación celebramos el amor de Dios y el perdón de nuestros pecados.

N En la Unción de los Enfermos la Iglesia lleva el poder sanador y la paz de Dios al enfermo.

T Celebramos dos sacramentos de servicio: Orden Sacerdotal y Matrimonio.

O En el Orden Sacerdotal la Iglesia elige hombres para ser ordenados ministros y servir como obispos, sacerdotes y diáconos.

S En el Matrimonio Dios bendice el amor y el matrimonio de un hombre y una mujer. Por su amor, sirven a la Iglesia, a ellos mismos y al mundo.

La misa es la mayor oración de acción de gracias a Dios. Es un sacrificio y una comida. En la misa recordamos y celebramos la vida, muerte y resurrección de Jesús. Las dos partes principales de la misa son: *Liturgia de la Palabra* y *Liturgia de la Eucaristía.*

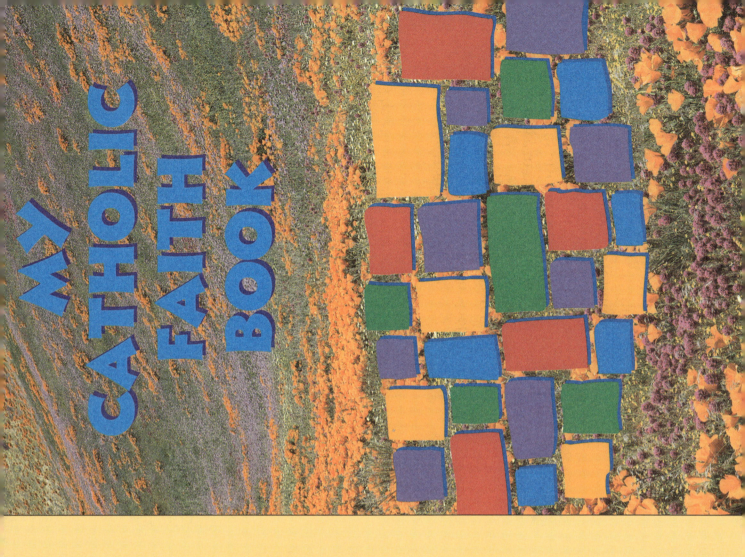

MY CATHOLIC FAITH BOOK

For the Family

As your child's third grade experience ends, we celebrate with you the ways in which your child has been a sign of the kingdom, or reign, of God. You have guided your child's growth in the wisdom of Christian faith, including a love for Scripture. During this year, your child has learned and experienced some very important truths of our faith as they are contained in the *Catechism of the Catholic Church.* For example:

- **Creed:** We believe in the Blessed Trinity. God the Holy Spirit, the third Person of the Blessed Trinity, continues to help the Church today. We believe that the Church is one, holy, catholic, and apostolic. The Holy Spirit strengthens us and gives us courage to say and do the right thing as disciples of Jesus Christ.

- **Sacraments:** By the power of the Holy Spirit, the Church celebrates seven sacraments. The sacraments of initiation are Baptism, Confirmation, and Eucharist. The sacraments of healing are Anointing of the Sick and Reconciliation. The sacraments of service are Holy Orders and Matrimony.

- **Morality:** We are disciples of Jesus by following His teaching in the Law of Love—to love God, others, and ourselves.

- **Prayer:** We pray when we praise God, thank God, ask God for help, or ask God's forgiveness when we are sorry for our sins. We pray by ourselves or with our parish community in our own words or in words taught to us by Jesus and the Church.

Continue to encourage your child to be a sign of the kingdom, or reign, of God by going to Mass together, singing the faith songs, reading Bible stories, and praying together.

† Family Prayer

Dear God,
Help our family to continue to grow in faith each day. God, help us as we try to say and do the right thing as disciples of Jesus Christ, Your Son. Amen.

This is what we believe . . .

C Jesus is always with us. Through Baptism we become disciples of Jesus.

Jesus gathered followers, or disciples, to help carry on His mission. Jesus chose Peter and the other apostles as special leaders in His Church. Today, the pope and bishops continue the work of the apostles.

R Jesus died on the cross out of love for us. He rose on Easter Sunday to bring us new life.

E Jesus promised to send a Helper. The Holy Spirit came to the disciples on Pentecost.

E God the Holy Spirit continues to help the Church today. The Holy Spirit strengthens us to live our faith. The Holy Spirit gives us courage to say and to do the right thing as disciples of Jesus.

D Jesus invites everyone to belong to His community. The Church spreads the good news of Jesus everywhere. We are all called to do God's loving will—to be signs of the kingdom, or reign, of God.

This is how we pray . . .

P We pray when we praise God, thank God, ask God for help, or ask God's forgiveness when we are sorry for our sins. We pray by ourselves or with our parish community.

R We pray in our own words or we pray the prayers of the Church, such as the Glory to the Father. We pray using the words Jesus taught us when we say the Our Father. When we tell God we are sorry for our sins, we pray an Act of Contrition. We say what we believe as Christians when we pray the Creed.

A
Y We pray to Mary, the Mother of God, when we pray the Hail Mary, the greeting of the angel to Mary. We remember the events from the lives of Jesus and Mary when we pray the rosary.

E
R We ask Mary and the other saints to pray for us. We remember to pray for the living and the dead.

This is how we live . . .

M The Holy Spirit guides and helps us in trying to live as Jesus' friends. We are disciples of Jesus by following His teaching in the Law of Love—to love God, others, and ourselves.

O We care for one another in our family and our community. We pray and worship together at Mass. At the end of Mass, we are sent to love and serve the Lord and one another.

R We try not to sin, to disobey God's law on purpose. We forgive those who have hurt us, and we ask forgiveness of those we have hurt.

A

L

I We each have an important part to play in bringing about the kingdom, or reign of God. We try to live as peacemakers, as Jesus taught us.

T

Y

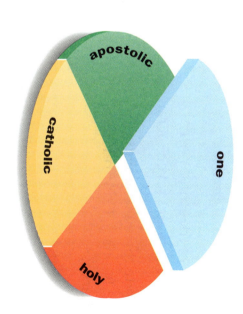

The Church is one in Jesus. We are one because we are united in faith and in love for one another.

The Church is holy in Jesus. We are holy because we share in God's life.

The Church is catholic in Jesus. We are catholic because we welcome all people and bring the good news everywhere.

The Church is apostolic in Jesus. We are apostolic because we remain faithful to the mission Jesus gave to the apostles.

Mary is the Mother of God. We call her the Mother of the Church and our mother, too.

This is how we celebrate . . .

By the power of the Holy Spirit, the Church celebrates seven sacraments.

S We celebrate three sacraments of initiation: Baptism, Confirmation, and Eucharist.

A We celebrate the Church inviting us and welcoming us as members.

C In Baptism we are freed from sin, become children of God, and are welcomed as members of the Church.

R In Confirmation the Holy Spirit comes to us in a special way to give us courage to live as Jesus' disciples.

A In the Eucharist the bread and wine become the Body and Blood of Christ at Mass. Jesus is really present in the Eucharist. We receive Jesus Himself in Holy Communion.

M We celebrate two sacraments of healing: Reconciliation and Anointing of the Sick.

E In Reconciliation we celebrate God's love and forgiveness of our sins.

N In Anointing of the Sick the Church brings God's own healing and peace to the sick.

T We celebrate two sacraments of service: Holy Orders and Matrimony.

S In Holy Orders the Church chooses men to be ordained ministers and to serve as bishops, priests, and deacons.

In Matrimony God blesses the love and marriage of a man and a woman. Through their love, they serve each other, the Church, and the world.

The Mass is our greatest prayer of praise and thanks to God. It is both a meal and a sacrifice. At Mass we remember and celebrate Jesus' life, death, and resurrection. The two main parts of the Mass are the *Liturgy of the Word* and the *Liturgy of the Eucharist*.

GLOSARIO

Adviento (página 124)

Nombre dado a las cuatro semanas de espera antes de la celebración del nacimiento de Jesús en Navidad. Seguimos esperando la segunda venida de Jesús.

Amén (página 116)

Palabra para rezar que significa: "Sí creo".

Apostólica (página 218)

Significa que la Iglesia es fundada en los apóstoles y es fiel a la misión y creencias que nos dio Jesús.

Bautismo (página 86)

El sacramento por medio del cual somos librados del pecado, nos hacemos hijos de Dios y somos bienvenidos como miembros de la Iglesia.

Biblia (página 142)

Libro en el que leemos la palabra de Dios para nuestras vidas.

Canonizado (página 76)

Ser nombrado santo por la Iglesia.

Católica (página 220)

Significa que la Iglesia acoge y tiene un mensaje para todo el mundo.

Características de la Iglesia (página 210)

Las cuatro características de la Iglesia son: una, santa, católica y apostólica.

Comunión de los Santos (página 76)

Unión de todos los amigos de Jesús, vivos y difuntos.

Confesión (página 96)

Decir nuestros pecados al sacerdote en el sacramento de la Reconciliación.

Credo (página 208)

Resumen de nuestra fe católica desde el inicio de la Iglesia.

Cristianos (página 208)

Todos los bautizados que creen y siguen a Jesucristo.

Cuaresma (página 192)

Tiempo especial antes de la Pascua de Resurrección. Rezamos por los que se están preparando para el Bautismo y tratamos de crecer en la gracia de Dios y como discípulos de Jesucristo.

Discípulos (página 18)

Seguidores de Jesús.

Espíritu Santo (página 30)

Dios, la tercera Persona de la Santísima Trinidad.

Evangelio (página 144)

La buena nueva de que Dios Padre nos ama enseñada por Jesús, el Hijo de Dios.

Gracia (página 84)

La vida de Dios en nosotros.

Iglesia (páginas 10, 208)

La comunidad de discípulos de Jesús; el cuerpo de Cristo.

Inmaculada Concepción (page 240)

El privilegio de María haber sido concebida sin pecado original.

Iniciación (página 86)

Ser bienvenido a la Iglesia, la comunidad de fe.

Justicia (página 174)

La virtud de ser llamados a tratar a todos justamente.

Ley del Amor

La Ley del Amor es: "Amar a Dios con todo tu corazón. Amar al prójimo como a ti mismo".

Liturgia de la Eucaristía (página 116)

La parte de la misa en la que nuestros regalos de pan y vino se convierten en el Cuerpo y la Sangre de Cristo.

Liturgia de la Palabra (página 114)

La parte de la misa en la que escuchamos las lecturas de la Biblia.

Ministro (página 40)

Significa "uno que sirve".

Misa (página 106)

Nuestra celebración del sacrificio y comida especial de Jesús.

Misión (página 20)

La misión de Jesús fue trabajar para llevar la buena nueva del amor de Dios a todo el mundo. Nuestra misión es el trabajo que somos llamados a hacer en nombre de Jesús.

Misionero (página 154)

Alguien que lleva la buena nueva de Jesucristo a otros.

Obispo (página 162)

Un obispo es la cabeza de una diócesis.

Papa (página 40)

El sucesor de San Pedro y cabeza de toda la Iglesia Católica.

Parroquia (página 10)

Un grupo de discípulos de Jesús que alaban juntos.

Pecado (página 94)

El acto libre de elegir hacer lo que sabemos es malo; desobedecemos la ley de Dios a propósito.

Pentecostés (página 30)

El día en que la Iglesia celebra la venida del Espíritu Santo a los discípulos.

Reino de Dios (página 184)

El poder del amor y la vida de Dios en el mundo.

Rito (página 230)

Parte de la Iglesia Católica que tiene sus propias leyes, liturgia y costumbres.

Sacramento (página 86)

Señal poderosa por medio de la cual Jesucristo comparte la vida y el amor de Dios con nosotros en la comunidad de la Iglesia.

Santísima Trinidad (página 208)

Tres personas en un solo Dios: Dios el Padre, Dios el Hijo y Dios el Espíritu Santo.

Santísimo Sacramento (página 50)

Otro nombre para la Eucaristía. Jesús está realmente presente en el Santísimo Sacramento.

Santos (página 76)

Seguidores de Jesucristo que amaron mucho a Dios, hicieron la voluntad del Padre en la tierra y quienes están felices con Dios para siempre en el cielo.

Vocación (página 164)

Una invitación a servir de manera especial a Dios y a la Iglesia.

GLOSSARY

Advent (page 125)
The name we give to the four weeks of waiting time before celebrating Jesus' birth at Christmas. We continue to wait until Jesus comes again.

Amen (page 117)
Prayer word meaning "Yes, I believe."

Apostolic (page 219)
Means that the Church is founded on the apostles and is faithful to the mission and beliefs Jesus gave them.

Baptism (page 87)
The sacrament by which we are freed from sin, become children of God, and are welcomed as members of the Church.

Bible (page 143)
The book in which we read the word of God for our lives.

Bishop (page 163)
A bishop is the leader of a diocese.

Blessed Sacrament (page 51)
Another name for the Eucharist. Jesus is really present in the Blessed Sacrament.

Blessed Trinity (page 209)
The three Persons in one God: God the Father, God the Son, and God the Holy Spirit.

Canonized (page 77)
Being named a saint by the Church.

Catholic (page 221)
Means that the Church welcomes all people and has a message for all people.

Christians (page 209)
All those who are baptized and believe in and follow Jesus Christ.

Church (pages 11, 209)
The community of Jesus' disciples; the body of Christ.

Communion of Saints (page 77)
The union of all the friends of Jesus, living and dead.

Confession (page 97)
Telling our sins to the priest in the sacrament of Reconciliation.

Creed (page 209)
A summary of our Catholic faith from the early Church.

Disciples (page 19)
The followers of Jesus.

Gospel (page 145)
The good news that God loves us and gives us Jesus Christ, the Son of God.

Grace (page 85)
God's life and love in us.

Holy Spirit (page 31)
God, the third Person of the Blessed Trinity.

Immaculate Conception (page 241)
Mary's privilege of being free from original sin from the first moment of her life.

Initiation (page 87)
Being welcomed into the Church, the community of faith.

Justice (page 175)

A virtue that calls us to treat everyone fairly.

Kingdom, or Reign of God (page 185)

The power of God's life and love in the world.

Law of Love

The Law of Love is, "You must love God with all your heart. You must love others as you love yourself."

Lent (page 193)

The special time before Easter. We pray for those preparing for Baptism and try to grow in God's grace as disciples of Jesus Christ.

Liturgy of the Eucharist (page 117)

The part of the Mass in which our gifts of bread and wine are offered to God and become the Body and Blood of Christ.

Liturgy of the Word (page 115)

The part of the Mass in which we listen to readings from the Bible.

Marks of the Church (page 211)

The four marks of the Church are: one, holy, catholic, and apostolic.

Mass (page 107)

Our celebration of Jesus' special meal and sacrifice.

Minister (page 41)

Means "one who serves."

Mission (page 21)

Jesus' mission was His work of bringing the good news of God's love to the world. Our mission is the work we are sent to do in Jesus' name.

Missionary (page 155)

Someone who carries the good news of Jesus Christ to others.

Parish (page 11)

A group of Jesus' disciples who worship God together.

Pentecost (page 31)

The day on which the Church celebrates the coming of the Holy Spirit to the disciples.

Pope (page 41)

The successor of Saint Peter and the leader of the whole Catholic Church.

Rite (page 231)

A part of the Catholic Church that has its own liturgy, laws, and customs.

Sacraments (page 87)

Powerful signs through which Jesus Christ shares God's life and love with us in the community of the Church.

Saints (page 77)

Followers of Jesus Christ who loved God very much, who did God's will on earth and who are now happy with God forever in heaven.

Sin (page 95)

The act of freely choosing to do what we know to be wrong; we disobey God's law on purpose.

Vocation (page 165)

An invitation to serve God and the Church in a special way.